L'Impact de la Bénédiction

Comment la bénédiction
change le monde

Richard Brunton

L'Impact de la Bénédiction
Comment la bénédiction change le monde
Publié par Richard Brunton Ministries
Nouvelle-Zélande

© 2021 Richard Brunton

ISBN 978-0-473-61326-6 (Softcover)
ISBN 978-0-473-61327-3 (ePUB)
ISBN 978-0-473-61328-0 (Kindle)
ISBN 978-0-473-61329-7 (PDF)

Edition :
Remerciement spéciaux à
Joanne Wiklund et Andrew Killick

Production et composition :
Andrew Killick
Castle Publishing Services
www.castlepublishing.co.nz

Présentation de couverture :
Paul Smith

Traduction :
Past. Sammy Nyamugusha α Cie

Les citations des Écritures sont tirées de
The New King James Version®.
Copyright©1982 par Thomas Nelson, Inc.
Utilisés sur autorisation. Tous droits réservés.

TOUS DROITS RÉSERVÉS

Aucune partie de cette publication ne peut être reproduite,
stockée dans un système de récupération, ou transmis sous quelque
forme ou par quelque procédé que ce soit, électronique, mécanique,
photocopie, enregistrement ou autre sans autorisation écrite
préalable de l'éditeur.

CONTENTS

Avant-Propos	5
Introduction	11
Première Partie : Les Bases de la Bénédiction	**17**
Bénédiction : Une Révision et Mise à Jour	19
Surmonter une Offense	26
Une Nouvelle Façon de Vivre	33
Prospérer en Entreprise ou Sur Votre Lieu de Travail	41
Des Terres Devenant Fertiles et Productives	48
Des Mariages Restaurés	50
Deuxième Partie : Le Puissant Impact de la Bénédiction de Parent	**57**
La Bénédiction de Père	59
La Bénédiction de la Mère	83
Une Bénédiction au Quotidien	87
Troisième Partie : Le Puissant Impact de la Bénédiction du Corps	**93**

Guérison Physique	95
Quatrième Partie : Le Puissant Impact de la Bénédiction d'un Cœur Blessé	**125**
La Guerison du Cœur	127
Devenir des Machines D'amour	136
Cinquième Partie : Le Langage de la Bénédiction	**139**
Comment Formuler une Bénédiction	141
Dernier Mot	**147**
Une Bénédiction	149
Comment Devenir Chretien	151

AVANT-PROPOS

Le premier livre de Richard, *la Formidable Puissance de la Bénédiction* ; a pris une place qui a changé notre langage. Cela nous poussa à commencer à parler de vie. Il nous a encouragés d'utiliser notre autorité donnée par Dieu pour bénir les autres ainsi que nous-mêmes, à libérer le pouvoir qui change la vie de nos langues afin rendre gloire à Dieu.

Ce nouveau livre, *l'Impact de la Bénédiction*, porte sur les résultats de cette connaissance. Il nous guide comment nous pouvons recevoir la bénédiction du niveau supérieur ou suivant.

J'ai parcouru ce message avec Richard depuis le commencement. Nous avons voyagé et enseigné ensemble à travers le monde. Nous avons eu de nombreuses aventures, mais un exemple particulier me vient à l'esprit. Moi et Richard avions voyagé à Fidji et enseigné à un groupe d'étudiants de la Bible.

Après avoir partagé le message de bénédiction, nous les avons envoyés mettre en pratique leurs nouvelles connaissances et partager avec les autres. Ces étudiants sont revenus une heure plus tard, pleins de joie et des témoignages étonnants. En conséquence, il nous avait été demandé de bénir l'ensemble des forces de police de la région, alignées en parade ! Je peux donc témoigner par expérience de première main, que ce que vous lisez ici peut radicalement changer votre monde – comme le mien.

Ce livre va au-delà des bases de la bénédiction, il nous montre comment Dieu peut guérir nos blessures. Au cours de notre vie, des événements comme des personnes peuvent nous blesser intérieurement, mais l'amour et la grâce de Dieu sont là pour chacun de nous. Ma prière est que vous vous empariez de votre guérison, en croyant le Psalmiste quand il a dit que notre Père céleste pardonne nos iniquités et guérit nos maladies » (Psaume 103 :3).

Les témoignages contenus dans l'*Impact de la Bénédiction* vous encourageront et vous inspireront. Puis-je suggérer que, ce que Dieu fait pour les autres,

Il le fera pour vous ! C'est un petit livre, facile à lire et simple à appliquer, mais avec un potentiel énorme et important. Notez quelques points d'action pendant que vous lisez, puis allez changer votre monde.

Pasteur Geoff P. Wiklund
Ami dans le ministère

Après avoir écrit le livre très lu intitulé *La Formidable Puissance de la Bénédiction*, Richard Brunton a maintenant écrit ce traité des plus incisifs et attrayants ; *l'Impact de la Bénédiction*.

En lisant ce nouveau livre, je suis convaincu, par les nombreux témoignages, que la bénédiction est bien en train de changer le monde. Je suis particulièrement ravi que Richard ait inclus une critique de son premier livre, ce qui encouragera les gens à le lire. En tant que ressource si précieuse, il est conseillé de le faire. Je l'ai personnellement lu huit fois, et j'ai maintenant envie de le relire une neuvième fois !

L'Impact de la Bénédiction met en lumière des histoires incroyables des personnes qui ont appliqué des « principes de bénédiction » à des situations dans leur propre vie ou dans la vie d'autres personnes. Indépendamment de leur origine culturelle, ils ont vu des résultats remarquables. Ces principes seront les fondements de la foi mais aussi de l'espérance pour beaucoup de ceux qui liront ce livre.

Richard a également expliqué le principe de la Bénédiction de père, ainsi que des témoignages de personnes qui ont reçu cette bénédiction de leur parent biologique ou d'une « figure paternelle ». Beaucoup de personnes comme moi, ont été témoins de ses effets d'une portée sans pareil.

Je peux garantir le fait que l'*Impact de la Bénédiction* est une ressource puissante pour les pasteurs et les dirigeants. Ce livre à lire doit être étudié plus que lu, et je suis sûr qu'une fois que vous aurez commencé, vous n'arrêterez pas de le lire page par page jusqu'à la fin. Il nous a été donné comme un don de Dieu par l'intermédiaire de son serviteur, et aura un grand impact sur la vie de ceux qui le liront. J'ai hâte de le voir imprimé, distribué, comme l'a été *La Formidable*

Puissance de la Bénédiction, dans de nombreux pays à travers le monde.

Je bénis ce chef-d'œuvre au nom du Père, du Fils et du Saint-Esprit. Amen.

Mgr Michael Musale
Surveillant Général du Christ Victory Gospel Ministries
Président de Victory Christian School
Kenya

La sagesse simple contenue dans ce livre m'a aidé à voir étape par étape, à quel point il est facile de transformer la confession quotidienne de la malédiction en bénédiction, notamment sur moi-même, ma famille et les autres. Les témoignages sont puissants et authentiques car ils encouragent et inspirent l'espoir, pour n'importe la situation.

Pasteur Vivian Anson
Nouvelle-Zélande

Je félicite de tout cœur le frère Richard Brunton pour avoir écrit ce livre remarquable pour le Corps du Christ. Frère Richard est un conférencier compatissant, humble et abordable avec une profonde perspicacité en tant qu'ambassadeur du Christ. Je crois fermement que le message de ce livre répond au besoin fondamental de notre époque actuelle. Sous la direction du Saint-Esprit, l'auteur nous a donné des principes enracinés dans la Bible et les a rendus faciles à suivre et à mettre en pratique. Ce beau livre contient la révélation des bénédictions tant célestes, spirituelles que temporelles.

Pasteur Sarwar Masih
Pakistan

INTRODUCTION

Lorsque j'avais écrit et publié mon premier livre, *La Formidable Puissance de la Bénédiction*, j'avais de grands espoirs pour ce qu'il pourrait accomplir dans le monde. J'avais vu les effets de la bénédiction dans ma propre vie et celle des autres. Je voulais ainsi partager le message plus largement possible. Il s'est propagé comme une traînée de poudre. Le Saint-Esprit entra en action, alors que j'avais juste essayé de tenir le cap ! Le livre est devenu un best-seller non officiel en Nouvelle-Zélande. En juin 2020, 1,4 millions d'exemplaires circulaient dans le monde en 35 langues.

Au fur et à mesure que le message se répandait, j'ai commencé à recevoir de nombreux témoignages sur des situations de la vie réellement changées par la bénédiction. Ces histoires étonnantes forment la base de ce nouveau livre. Elles donnent aux lecteurs une meilleure compréhension pour une meilleure vision de la façon dont la bénédiction peut les changer, changer leur monde et même le monde entier. Plus de la moitié de ce livre a été écrit par des personnes qui ont été personnellement touchées par la bénédiction – soit en tant que « bénéficiaire », un bénisseur ou les deux. J'ai corrigé quelques fautes de grammaire, des erreurs et abrégé certaines histoires, mais pour le reste, le style d'expression est original et authentique.

Bien que ce livret puisse être lu de manière autonome, il s'agit en réalité d'une suite de *La Formidable Puissance de la Bénédiction*. Ce livre couvre la théorie ainsi que la manière de bénir. C'est un guide pratique avec de nombreux exemples de bénédiction qui peuvent être utilisées dans diverses situations. Ce livre, d'autre part, se concentre principalement sur les résultats de la bénédiction à savoir l'*Impact de la Bénédiction* qui témoigne comment petit à petit la bénédiction change le monde. En incluant des sections sur la Bénédiction de père, la guérison des blessures du cœur et le langage de la Bénédiction, je me suis efforcé de donner également un aspect pratique à ce livre.

Dans la première partie consacrée aux **bases de la bénédiction**, je donne un bref aperçu de *La Formidable Puissance de la Bénédiction* pour ceux qui ne l'ont pas encore lue et pour rafraîchir la mémoire de ceux qui l'ont déjà lue. Cette section contient de nouveaux témoignages qui servent à illustrer plus en profondeur certains aspects du premier livre.

Deuxième Partie : L'impact puissant de la bénédiction d'un parent explore la signification et le pouvoir de la bénédiction, en particulier celle de père. Cette bénédiction attire plus de témoignages que n'importe quelle autre. Elle semble avoir un impact réel sur l'esprit des gens (souvent aussi sur leur corps) d'une manière unique. J'ai vu beaucoup d'adultes pleurer alors que je prononçais la bénédiction de Père sur eux. Beaucoup n'ont jamais entendu leur père dire les mots « Je t'aime, et certains n'ont jamais eu le câlin affectueux d'un père. J'estime que plus de 95 pour cent des adultes n'ont jamais été bénis par leurs pères, chrétiens ou non ». De nos jours, de plus en plus d'enfants sont élevés dans des foyers sans père (un sur cinq en Nouvelle-Zélande) ; le problème ne fait donc qu'augmenter. Certains appellent «l'absence de père», un fléau des temps modernes, et j'en suis d'accord.

Le désir de mon cœur est que chaque père qui lit ce livre commence à bénir ses enfants et petits-enfants. Plus que cela, j'espère que les pères trouveront dans leur cœur de bénir les « sans-pères », à mesure que les opportunités se présentent. Je vais vous montrer comment.

Je donne aussi quelques exemples du pouvoir de la Bénédiction de la Mère.

Troisième partie : Le puissant impact de la bénédiction du corps. Alors que je commençais à recevoir des témoignages en réponse à *La Formidable Puissance de la Bénédiction*, j'ai été surpris de voir combien concernaient la guérison physique et la délivrance. Parfois, cela se produit parce que la guérison du cœur entraîne la guérison du corps – l'un suit l'autre. D'autres fois, cela se produit parce que quelqu'un bénit son corps directement et intentionnellement avec gratitude. J'en suis venu à croire que nos corps réagissent lorsque nous les aimons et le leur affirmons. Beaucoup d'entre nous ont prononcé des mots négatifs sur notre corps

– peut-être pendant notre adolescence ou plus tard, car notre corps a changé de manière indésirable. Un témoignage que j'ai reçu parle d'un pasteur qui a béni son corps pour qu'il perde du poids – il avait perdu 37 kilogrammes par la suite.

Quatrième partie : L'Impact puissant de la bénédiction d'un cœur blessé. Bien que les blessures parentales soient souvent la source la plus importante de dommages émotionnels dans nos vies, il existe également d'autres sources, telles que les paroles cruelles et injustes prononcées à notre égard à l'école, au travail ou même à l'église. Ces blessures ont également besoin de cicatrisation. Je propose une méthode pour le faire dans cette section.

Certaines personnes ont l'impression d'être faibles si elles ne peuvent pas simplement « s'en remettre », réprimer ou dépasser leur douleur. Cependant, sans l'intervention de l'Esprit, ils échouent généralement à atteindre l'intimité et l'amour de Dieu que leur cœur désire. Les blessures nous empêchent d'entrer dans notre destinée en tant que fils et filles de Dieu et nous rendent malades d'amour. Nous sommes faits pour l'amour. Lorsque nous sommes capables de recevoir l'amour de Dieu, nous pouvons aussi le donner et le recevoir des autres.

L'amour de Dieu change la façon dont nous Le voyons et comment nous nous voyons. Cela conduit à la jouissance de Dieu et de notre ministère envers Lui et les autres.

Cinquième partie : Le langage de la bénédiction. Cette partie contient un chapitre court mais précieux sur le langage de la bénédiction, car je sais que beaucoup de gens ont du mal avec cet aspect du processus de bénédiction. J'ai également inclus quelques brefs conseils sur la façon d'entrer en relation avec les autres dans votre ministère de bénédiction – surtout lorsque vous êtes en relation avec des étrangers.

Dernier mot. Le livre se termine par une bénédiction pour le lecteur et des informations sur la façon de devenir chrétien.

Prenez plaisir.
Richard Brunton

PREMIÈRE PARTIE :
Les Bases de la Bénédiction

BÉNÉDICTION :
UNE RÉVISION ET MISE À JOUR

Présentée en des termes simples, la bénédiction est l'acte de prononcer des paroles de vie (des paroles qui s'accumulent) sur quelqu'un ou une situation. La malédiction quant à elle consiste à prononcer des paroles de mort (des paroles critiques, décourageantes ou blessantes). Ces mots impactent à la fois le monde naturel dans lequel nous vivons et le monde surnaturel invisible qui nous entoure.

Lorsque les gens bénissent ou maudissent dans des situations de tous les jours, leurs paroles ont naturellement un certain niveau de pouvoir. Ainsi, par exemple, un père pourrait dire à son fils : « Tu n'arriveras jamais à rien ; cela déclenche une malédiction qui affectera le cours de la vie du garçon. Ou il pourrait dire : « Fils, je crois que tu seras un jour un grand leader ; ces mots sont une bénédiction qui influence positivement l'avenir du fils. Cela est vrai que vous soyez chrétien ou non. Les mots sont particulièrement puissants quand ils viennent de personnes en position d'autorité, comme les parents, les enseignants, les directeurs, les médecins et les pasteurs.

Cependant, il y a aussi une composante surnaturelle. Un sorcier, par exemple, prononcera des paroles de mort avec le pouvoir de Satan derrière eux et, par conséquent, les gens peuvent tomber malades voire même mourir.

Mais voici la révélation : les chrétiens remplis de l'Esprit peuvent exprimer les intentions et la faveur de Dieu sur telle ou telle situation, au nom de Jésus ou de la Trinité (Père, Fils et Saint-Esprit), et activer ainsi le Royaume de Dieu sur terre. Ils peuvent s'attendre à ce que Dieu change les choses de la façon dont elles sont maintenant, à la façon dont Il veut qu'elles soient.

Bénir les autres active l'amour et la puissance de Dieu (je crois à un degré plus élevé que la simple prière). Trop souvent nous demandons à Dieu de déplacer la montagne, alors qu'Il nous a dit de parler à la montagne. Ou nous demandons à Dieu de faire quelque chose que nous savons être dans sa volonté, alors que Dieu veut que nous parlions et que nous le libérions. En tant que chrétiens, nous portons le Royaume de Dieu en nous et nous sommes censés le libérer au nom de Jésus.

Par exemple, nous pouvons demander à Dieu de donner sa paix à quelqu'un, ou nous pouvons simplement la libérer : « Je vous bénis de la paix du Christ ; Je la libère maintenant au nom de Jésus ». Cela active notre partenariat avec le Saint-Esprit. Notre rôle est de parler et de libérer la bénédiction ; La part de Dieu est de l'accomplir (et de nous inciter à bénir en premier lieu).

C'est ça. Simple, mais avec de grandes implications !

À la fin de sa deuxième lettre aux Corinthiens, Paul bénit l'église :

> *Que la grâce du Seigneur Jésus-Christ, l'amour de Dieu et la communion du Saint-Esprit soient avec vous tous. Amen. (2 Corinthiens 13:14).*

Le mot traduit ici par 'communion', ou 'compagnon' dans d'autres traductions, est *koinonia*, qui peut aussi se traduire par 'partenariat' !

Il y a plusieurs conditions pour une bénédiction puissante (*La Formidable Puissance de la Bénédiction* les traite plus en détail). Le gros, c'est que nous modifions notre libellé de « Que Dieu bénisse un tel » à « Je bénis un tel, au nom du Père et du Fils et du Saint-Esprit, ou simplement au nom de Jésus ».

Lorsque nous nous associons au Saint-Esprit et que nous agissons dans l'autorité spirituelle que Jésus a acquise pour nous sur la croix, les choses commencent vraiment à se produire. Lorsque nous bénissons les gens au nom de Jésus ou de la Trinité, intentionnellement et spécifiquement, nous remarquons que l'amour et la puissance de Dieu sont libérés. Un privilège incroyable ! Habituellement, la personne qui prononce la bénédiction et celle qui la reçoit sont conscientes que quelque chose de divin s'est produit.

Un autre aspect important pour une bénédiction

efficace est d'avoir une bouche propre (voir Ésaïe 6:5-7). La bénédiction et la malédiction ne doivent pas venir de la même personne (Jacques 3:10). Ne vous attendez pas à ce que Dieu autorise uniquement les paroles de vie que vous prononcez et non les paroles de mort. Nous devons avoir une bouche en laquelle Dieu peut avoir confiance.

La Formidable Puissance de la Bénédiction explore les aspects pratiques de la manière de bénir, en abordant diverses situations spécifiques :

- Bénissez vos ennemis
- Se bénir – votre esprit, imagination, corps
- Bénissez votre maison
- Bénissez votre famille – conjoint, enfants, petits-enfants
- Bénissez la terre
- Bénissez votre communauté
- Bénissez Dieu

Au cours des dernières années, j'ai béni de nombreuses personnes – en Nouvelle-Zélande, aux Fidji, au Kenya, en Ouganda, en Tanzanie, au Pakistan et au

Brésil – individuellement et en masse dans les églises comme dans les conférences. J'ai découvert que les pasteurs qui aiment le message de bénédiction (certains organisent même des séminaires de bénédiction et forment des groupes de bénédiction ou des « cellules ») voient les mêmes résultats, voire des résultats meilleurs.

J'ai découvert qu'en ouvrant mon cœur aux autres pour les bénir, je ressens d'habitude l'amour de Dieu qui coule à travers moi et je finis souvent moi-même en larmes. J'ai découvert que plus je donne l'amour de Dieu, plus j'en reçois. On grandit en amour en le donnant ! C'est comme cela que ça marche. Si nous voulons que Dieu travaille au travers de nous avec puissance dans la guérison, les miracles et la délivrance – alors nous devons agir par son amour et sa compassion. La foi est activée et dynamisée par l'amour agape de Dieu (Galates 5:6). La foi s'épanouit lorsque nous connaissons Celui qui est amour et réalisons combien Il nous aime ainsi que la personne à qui nous administrons les mystères.

La bénédiction a changé ma vie plus que toute

autre pratique chrétienne. J'ai appris à connaître et à recevoir plus d'amour, et à fonctionner avec plus de puissance que jamais auparavant. Nous devons apprendre l'art d'être moins soi. Lorsque nous « perdons » notre vie, c'est à ce moment-là que nous la trouvons (Matthieu 10 :39). Si vous voulez atteindre un niveau plus élevé d'expérience de l'amour et de la puissance de Dieu, alors la bénédiction est pour vous.

SURMONTER UNE OFFENSE : BÉNIR CEUX QUI VOUS PROVOQUENT, CEUX QUI VOUS BLESSENT OU VOUS MAUDISSENT

J'aime le ministère de guérison – en effet, à certains égards, je le vois comme un sous-ensemble du ministère de bénédiction. Dans les ministères de guérison et de délivrance, nous parlons à la maladie ou au démon et lui commandons de partir au nom de Jésus. Nous libérons alors la puissance de Jésus. Encore une fois, c'est un partenariat glorieux : notre travail consiste à parler et/ou à imposer les mains ; Jésus guérit.

Parfois, les gens viennent pour la guérison, mais ils gardent de l'amertume dans leur cœur. Quand ils pardonnent et bénissent la personne qui les a offensés, alors la guérison survient.

Je me souviens d'une occasion où un groupe de personnes essayait d'apporter la délivrance à un homme lors d'une réunion d'église, mais ils manquaient de temps et le travail n'était pas terminé. Le témoin m'a été passé, alors j'ai pris l'homme et l'ai emmené dans un endroit à part avec deux autres personnes afin que la réunion puisse se poursuivre sans être dérangée. Je lui ai demandé si son père lui avait déjà imposé les mains pour le bénir.

« Non, » répondit-il.

« Puis-je me mettre à la place de votre père pour vous donner la bénédiction que vous n'avez jamais eue ? » ai-je demandé.

Oui, il était d'accord avec ça.

Quand je suis arrivé à la partie où, parlant à la place de son père, j'ai demandé pardon pour les choses que j'avais dites et faites qui l'avaient blessé, il répondit : « Non » !

En faisant une pause, je l'ai interrogé à ce sujet.

« Il me battait », l'homme a expliqué, « qu'une fois j'avais eu si mal que je me suis retrouvé à l'hôpital. Je ne peux pas le lui pardonner » !

Comme je savais que cela allait être la clé de tout le reste, j'ai gentiment persisté et finalement il a pris la décision de pardonner à son père. Immédiatement, il tomba à genoux en pleurant ; je l'encourageai à dire une bénédiction sur son père. Les démons sont alors partis sans aucun problème car ils n'avaient plus le droit de le tourmenter.

Imaginez votre difficulté à pardonner affichée sous la forme d'un compte bancaire. Être capable de pardonner vous fera passer d'une position de découvert à zéro. Mais la bénédiction vient s'ajouter à cela – elle met en fait quelque chose dans le compte, c'est à ce moment-là que les choses commencent vraiment à se produire.

J'ai été harcelé à l'école. Un garçon en particulier s'en prenait constamment à moi. Un jour, quelques années plus tard, je suis allé chez lui pour jouer. Pendant que j'étais là-bas, son beau-père l'a humilié. Je comprends maintenant que les gens blessés blessent les autres à leur tour. Connaissant ce fait, il est beaucoup plus facile de bénir ceux qui cherchent à vous faire du mal et de ne plus vous considérer comme une victime.

Je me souviens avoir lu l'histoire d'un pasteur qui était en colère contre Dieu pour avoir « permis » à un homme d'agresser et tuer une jeune fille. Il fit un rêve dans lequel il a vu un petit enfant enfermé dans une armoire, terrifié et pleurant dans le noir.

« Là ! » Il dit à Dieu : « L'homme est un monstre ; il recommence ! »

Alors Dieu dit doucement : « L'enfant dans l'armoire est le meurtrier. »

Le pasteur a écrit qu'il n'avait plus jamais jugé personne depuis là. Moi non plus.

La bénédiction peut briser les situations les plus difficiles. J'ai reçu ce témoignage d'un soldat en Ouganda.

> *J'ai commencé à prier et à bénir sérieusement mes ennemis ; maintenant mes ennemis deviennent mes amis.*

Le Pasteur Sammy Nyamugusha Nd. de la République Démocratique du Congo a relaté :

> *Vraiment… la bénédiction a un pouvoir qui peut changer le monde. La femme d'un homme (Isaac de Aneho au Togo) l'a laissé avec leurs deux filles sans dire un mot il y a plus d'un an. Il m'a témoigné qu'il a pardonné à sa femme et la bénit. Des miracles se sont produits : guérison physique, guérison spirituelle, la joie et la paix intérieure l'ont rempli. Alléluia.*

Nous savons à quel point l'amertume peut nous emprisonner, mais Jay m'a écrit en disant :

> *Quelques-unes des personnes que je connais bien ont partagé avec moi comment elles ont été libérées de l'amertume envers les autres dès lors qu'elles ont commencé à les bénir.*

Un aumônier de prison a déclaré :

J'ai la joie de suivre des études bibliques en prison et j'ai distribué votre livre sur le pouvoir impressionnant de la bénédiction. Un détenu m'a dit qu'il avait lu le livre plus d'une fois. Cela a complétement changé son comportement. Au lieu de se plaindre et de se lamenter des choses et des conditions, il bénit maintenant à la place. Il a décidé de bénir l'un des tyrans. Ce gars avait l'habitude de lui donner un coup de pied au téléphone et de lui donner du fil à retordre. Depuis qu'il l'a béni, ce gars le protège maintenant pendant qu'il est au téléphone et ne le repousse plus. Le résultat est que les deux sont plus heureux.

D'un pasteur de la jeunesse au Népal :

J'ai eu l'occasion de lire la version népalaise de La Formidable Puissance de la Bénédiction. Après avoir lu ce livre, ma vie a radicalement changé. Je me souviens du temps où j'ai été sauvé dans ma famille hindoue. Ils étaient très cruels et froids avec moi. La façon dont j'avais été traité par ma famille, je n'avais jamais pu leur pardonner jusqu'à présent, mais après avoir lu ce livre de bénédiction, je leur ai pardonné. Ce fut un processus difficile, mais je suis capable de les bénir maintenant. J'ai l'impression que tout mon fardeau a été retiré de ma vie. Merci de m'avoir fourni le livre et de changer mon monde.

UNE NOUVELLE FAÇON DE VIVRE

À la suite de la lecture de *La Formidable Puissance de la Bénédiction* et de sa mise en pratique, de nombreuses personnes ont changé leur façon de vivre et ont adopté un mode de vie de bénédiction. On le voit dans les témoignages suivants :

Ma belle-sœur m'a donné un exemplaire de votre livre, La Formidable Puissance de la Bénédiction. ***Cela a changé ma vie.*** *J'ai béni ma femme, ma famille, mon entreprise, mes clients, mes concurrents et d'autres qui ne m'aiment pas.*

Une autre personne écrit :

Je suis dans un ministère de la musique où j'ai donné le livre au chef du groupe. Nous en discutons tous les mercredis. Nous comparons la « bénédiction » au fait de verser de l'eau sur des

> terres courbes. Nous devenons des conduits de l'amour de Dieu, comme des tuyaux versant de l'eau sur des points chauds. Mieux encore, votre message nous donne la super arme de Dieu de l'amour **pour passer à l'offensive** à un moment où, nous, enfants de Dieu, nous nous sentons sur la défensive depuis longtemps.

Quelle perspicacité ! Beaucoup d'entre nous peuvent s'identifier au fait d'être sur le dos, s'accrochant sinistrement à une position de défensive, espérant la victoire que nous ne voyons pas si souvent – mais la bénédiction prend l'offensive ! Nous nous battons avec l'arme de Dieu et puis (sans surprise) nous voyons des résultats.

Nathalie écrit :

> *Un jour où je me sentais vraiment déprimée à cause des critiques injustes qui m'étaient adressées au bureau, j'ai vu votre livre de bénédiction et l'autre petit livre sur le lieu de travail (Oint pour le travail). J'ai décidé de mettre le message en pratique, et le pouvoir de* **la béné-**

diction a changé ma façon de prier et de penser. Maintenant, je fais ces choses avec un nouveau type de compréhension et de foi, en utilisant l'autorité donnée par Dieu. Cette vérité est si puissante que j'ai commandé 20 livres pour mes amis chrétiens… Bénédictions pour ces nouvelles révélations.

Déborah dit :

*La Formidable Puissance de la Bénédiction m'a **profondément changée** – elle a changé ce à quoi je pense au réveil, mon attitude envers mon corps et ma maladie. Il change aussi ma famille et mes amis… Dans l'ensemble, ce que vous avez publié, ici dans notre ville du Queensland en Australie, se trouve littéralement Son fleuve de grâce et de miséricorde comme un déluge. Merci Jésus et merci Richard.*

Alex écrit :

Je viens de terminer la lecture de ce petit livre combien puissant et je suis absolument ravi

> *et époustouflé par son aspect pratique et son application. Au cours des deux derniers jours de ministère en prison, j'ai prié et béni des hommes dans des situations très stressantes, et je les ai vus se relever, encouragés et pleins d'espoir pour la vie. Cela m'a aussi relevé et m'a équipé pour le travail en prison et pour ma propre maison. **En tout, je suis encouragé à voir de l'or dans les gens** et si je ne peux pas le voir, à les bénir quand même. Merci frère.*

Cette phrase, « voir de l'or dans les gens … et les bénir quand même » est un encouragement pour nous tous.

Voici un témoignage de Jackie, dont l'habitude quotidienne était de prononcer des paroles humiliantes :

> *J'étais à l'église lorsque vous avez prêché sur La Formidable Puissance de la Bénédiction, et je voudrais vous dire **quel impact cela a eu sur ma vie**. J'ai toujours eu une bouche qui dépassait rapidement mon cerveau, ce qui sortait n'était souvent pas utile, gentil ni agréable – en parti-*

> *culier lorsque je conduisais. Depuis ce jour-là, j'ai commencé à prier Jérémie 15:19 (…si tu sépares ce qui est précieux de ce qui est vil, tu seras comme ma bouche)… Cela a fait la différence la plus étonnante. Au bout de trois jours environ, j'ai remarqué qu'il ne m'était même plus venu à l'esprit d'utiliser ces mots. J'ai vécu quelque temps en France, donc l'idée de bénédiction/malédiction m'intéressait vraiment. J'ai réalisé que mon habitude était de « mal parler » sur moi-même et sur les autres. Au lieu de cela, j'ai commencé à prier sur mon lieu de travail (une école). Puisque les enfants dont nous nous occupons « vivent » dans cet endroit avec nous chaque jour j'ai fait la bénédiction de la Maison. Notre école se sent maintenant de plus en plus paisible et joyeuse ; les enfants sont plus intégrés et engagés.*

Dans *La Formidable Puissance de la Bénédiction*, comme Jackie l'a mentionné, j'ai qualifié la bénédiction de « bien parler », et la malédiction de « mal parler ». Ici, je voudrais introduire un autre mot avec 'diction' dedans – 'juridiction' – c'est-à-dire le territoire sur lequel vous avez un droit légal de parler et un droit légal de soumettre à la domination de Dieu. **Votre juridiction principale est votre domicile.**

Paul écrit :

> Vendredi, nous avons rencontré un homme lors de l'événement Auckland Promise Keepers [croyez] qui a été incroyablement touché par votre message, ce qui **a complètement changé sa façon de penser**. Il a dit qu'en conséquence, il s'est rendu compte que Dieu l'avait appelé à être un leader dans son foyer. Il reconnaît que Dieu lui a donné l'autorité de prier et de bénir. Sa famille n'est pas chrétienne, alors au lieu de parler de ses opinions, il bénit maintenant sa femme et ses trois fils, même à table. Il a dit que pendant le dîner, il y avait autrefois de fortes discussions négatives, mais qu'en seulement une semaine de bénédiction de sa famille, il constate un changement positif dans les conversations.

Nous savons tous que nous avons le droit légal de décider qui est-ce qui entre dans notre maison ou pas. Quelles personnes autorisez-vous et lesquelles ne franchiront pas la porte d'entrée. Chaussures autorisées ou pas. Accès avec son chien ou pas.

Il en est de même dans le domaine surnaturel. Les chrétiens ont l'autorité, au nom de Jésus, de lier et délier spirituellement (ce qui signifie interdire ou permettre ce qui se passe) dans la maison. Qu'allez-vous lier (interdire) ? La maladie, les dissensions, les conflits, la pauvreté, les démons ? Qu'allez-vous permettre (en vrac) ? La paix, la joie, l'amour, le Royaume de Dieu ? Pourquoi ne pas faire une liste de ce que vous autoriserez et encouragerez à côté d'une autre liste de ce que vous lierez et interdisez ? Puis parlez et déclarez ces intentions sur votre juridiction ?

Voyez-vous l'importance du point soulevé ici ? Je dirais que dans la plupart des cas, les gens laissent la vie « faire » dans leurs maisons. Au lieu de cela, décidez de parler au nom de Jésus, ce qui sera autorisé dans le royaume spirituel de votre maison ou non.

Voici deux autres témoignages de personnes qui, au cours de la vie de tous les jours, ont transmis le livre de bénédiction à quelqu'un d'autre.

David écrit :

> J'ai béni un ami qui a du mal à se marier pendant le week-end. Je lui ai également donné mon exemplaire du livre, qu'il a accepté avec reconnaissance. Merci d'avoir écrit ce livre.

Jude dit :

> J'ai donné votre livre à un Chinois ici à Vanuatu. Il dit qu'il a été tellement béni avec ce livre. Il a même récité les bénédictions et continue de bénir sa famille. Il a dit qu'il ne se met plus en colère mais bénit plutôt ceux qui l'entourent. Merci pour ce petit livre de bénédictions puissantes et impressionnantes.

PROSPÉRER EN ENTREPRISE OU SUR VOTRE LIEU DE TRAVAIL

Il n'y a pas de limite aux endroits où la bénédiction peut être utilisée. Votre lieu de travail est un autre domaine dans lequel vous pouvez activer les intentions de Dieu. Vous trouverez ci-dessous un script de transcription d'une vidéo qui m'a été envoyée dans laquelle le Dr Grant Mullen interviewe un propriétaire d'entreprise en Nouvelle-Zélande.

Propriétaire : … *quelque chose d'autre que je suis venu faire plus récemment est d'apprendre le pouvoir de la bénédiction.*

Dr Grant : Comment avez-vous entendu parler du pouvoir de la bénédiction ?

Propriétaire : J'ai lu un petit livre d'un gars appelé Richard Brunton, La Formidable Puissance de la Bénédiction, en particulier dans le cadre d'une entreprise, sur la bénédiction de son entreprise. Alors, j'ai commencé à faire ça. Chaque jour j'ai une petite alarme qui se déclenche en partie toute la matinée juste pour me le rappeler, et je m'arrête à mon bureau et je déclare la bénédiction de Dieu sur l'entreprise... « Au nom de Jésus, je bénis mon entreprise. [Nom de l'entreprise], je vous bénis dans le nom du Père, du Fils et du Saint-Esprit. Saint-Esprit, je vous souhaite la bienvenue ici, » (juste tranquillement – les autres gars ne savent pas que je le fais), en disant, « Dieu j'ai besoin de toi ici dans cet environnement. Je déclare que Ta présence est ici, cette affaire est bénie parce que Tu es en moi et que je bénis cette affaire. »

A partir de là, nous avons eu des appels téléphoniques fascinants où nous avons décroché certains de nos gros contrats de gestion qui sont venus complétement à l'improviste. J'ai réalisé que cette déclaration de bénédiction se transforme de fait en sonnerie de téléphone en affaires ; je dis à la fin : « Dieu merci beaucoup ». Je sais que ce n'est pas moi qui le fais. Nous tra-

vaillons très dur pour ce que nous pouvons faire, mais Dieu ajoute ce lot supplémentaire.

Dr Grant : *Donc, en bénissant, vous ajoutez un élément super naturel à votre entreprise ?*

Propriétaire : *Oui, certainement, c'est ce que je fais et c'est ce qui se passe.*

Dr Grant : *Parce que, en tant que chrétiens, nous avons le pouvoir de faire cela et Dieu nous encourage à bénir. Mais vous avez en fait prouvé que c'est mesurable – vous pouvez voir la différence dans votre résultat net – depuis que vous avez commencé à bénir.*

Maintenant, que recommanderiez-vous aux personnes qui nous regardent qui peuvent être dans les affaires, ou simplement qui travaillent- ils n'ont pas besoin d'être des travailleurs indépendants, ils peuvent être des salariés ; quels conseils suggéreriez-vous pour changer la trajectoire de leur carrière ?

Propriétaire : *Je dirais qu'il s'agit de faire une pause et de prendre ce moment pour bénir consciemment l'entreprise. Oui, Dieu est avec vous tout le temps, mais demandez et déclarez Sa présence dans la pièce dans laquelle vous vous trouvez, ou dans le département que vous dirigez et soyez simplement actif dans cela. Je prie pour les membres de mon équipe… « Seigneur, donne-leur des idées, donne-leur une percée, donne-leur des idées qu'ils n'ont jamais eues auparavant. » Prends juste quelques minutes chaque jour pour le faire délibérément.*

Dr Grant : *C'est fantastique. Parce que nous sommes chrétiens, nous sommes dans une entreprise surnaturelle. Dieu nous place dans le monde des affaires, et nous avons parfaitement le pouvoir (l'autorité) d'utiliser nos outils surnaturels au travail.*

Un de mes amis pasteurs a emporté un livre de bénédictions avec lui au Royaume-Uni et l'a partagé avec un homme qui ne s'entendait pas avec son patron. Cet homme a décidé de bénir son patron et l'a fait face à face (ce que j'ai trouvé assez courageux). La relation a changé pour le mieux à partir de ce moment-là.

En passant, j'espère qu'il est évident que je ne recommande pas d'approcher votre patron et de lui dire quelque chose comme « *patron, je vous bénis au nom de Jésus, pour écouter davantage vos employés et ne pas parler avec mépris* ». Ce n'est pas une bonne idée d'utiliser la bénédiction pour confronter les gens !

Mieux vaut dire :

> *Patron, je vous bénis au nom de Jésus. Je parle la faveur de Dieu sur vous, sur votre famille et sur vos affaires. Je bénis votre leadership. Que Dieu accorde notre faveur commerciale sur le marché des clients et sur le marché des employés. Et que Dieu, par son Esprit, télécharge des idées créatives parmi nous – pour améliorer la productivité, créer des produits et des services qui contribueraient au succès de nos clients. Amen.*

Notre lieu de travail n'est pas toujours un cadre commercial. Dans ce cas suivant, c'était une école. Un ami m'a parlé d'une discussion qu'il avait eue avec un instituteur qui avait lu le livre de bénédiction. Il écrit :

> L'institutrice se débattait avec des enfants de familles à faible revenu, souvent sans père à la maison, qui faisaient des ravages dans la classe. Il a été absolument étonné du revirement alors qu'il appliquait les principes de la bénédiction. Il bénit également ses propres enfants à la maison, et maintenant ils ne repartent pas sans leur bénédiction pour la journée.

Peut-être que votre lieu de travail est une église. L'évêque Michael du Kenya dit :

> Un pasteur me dit qu'il murmurait souvent à cause de la petite offrande que la congrégation donnait les dimanches, mais quand il a commencé à bénir la congrégation en ce qui concerne leurs revenus, l'offrande a augmenté et la petite congrégation s'agrandit maintenant.

Le pasteur Darin des États-Unis écrit :

> *J'ai vraiment découvert que ce que nous bénissons a tendance à augmenter (y compris les relations, les finances et la santé) ; alors quoi que vous vouliez augmenter, **remerciez le Seigneur pour ce que vous avez déjà, puis commencez à le bénir**. (Au lieu de se plaindre du manque).*

Nous ne sortons pas tous pour travailler dans le monde commercial ou dans la communauté. J'aime ce que dit Bill Johnson dans son livre *Dreaming with God* : « *Le privilège d'être une épouse et une mère au foyer sont d'égale importance qu'être missionnaire* » !

Nos foyers ont besoin de bénédiction. Toutes les tâches ménagères, le terrain à l'extérieur, la nourriture sur la table, la façon dont les membres de la famille se parlent, la façon dont ils s'apprécient, les effets de la destinée de Dieu dans la vie des parents et des enfants – tout, quand ils sont bénis intentionnellement avec foi, peuvent commencer à s'aligner sur le plan de Dieu.

DES TERRES DEVENANT FERTILES ET PRODUCTIVES

Quand je pense aux pénuries alimentaires dans tant de régions du monde, je me demande ce qui se passerait si les chrétiens s'élevaient dans la foi en usant de leur autorité donnée par Dieu, pour briser les malédictions de leur terre et la bénir, au nom de Jésus.

Le révérend Edward d'Ouganda écrit :

> *Mon ami a des terres et des arbres qui ne portaient pas de fruits depuis des années. Je lui ai donné La Formidable Puissance de la Bénédiction. Il a béni la terre ainsi que ses arbres, et maintenant ils portent du fruit. Il a commandé plus de livres et il en bénit les gens ; de grandes choses se produisent.*

Le pasteur Geoff de Northland, en Nouvelle-Zélande, déclare :

J'ai été appelé à prier sur une propriété où il était évident qu'il y avait des problèmes spirituels de depuis un temps affectant les occupants. Le Seigneur m'a montré un certain nombre de choses pour nettoyer la terre (y compris les attaques et les effusions de sang), puis j'ai béni la terre pour qu'elle soit productive.

L'année précédente, la ferme avait produit 400 balles de foin. Après notre bénédiction, les occupants ont reçu 1170 balles lorsqu'ils ont fait leur fenaison en fin d'année ! C'était remarquable, mais d'autant plus qu'il y avait eu une sécheresse locale et que la plupart des gens n'avaient reçu que la moitié de ce qu'ils avaient eu l'année précédente.

DES MARIAGES RESTAURÉS

Chaque fois que j'ai l'occasion d'animer un atelier de bénédiction, je demande aux maris et aux femmes de se bénir ainsi que leurs enfants. Il y a souvent un moment de maladresse, voire d'inconfort. Certains ont du mal à se tenir face à face, à se regarder dans les yeux, à se tenir la main et à dire des choses comme : « Je t'aime, s'il te plaît, pardonne-moi. » Ces moments sont souvent un moment de larmes et de réconciliation qui englobe toute la famille. J'aime ce ministère de réconciliation.

Les photos des pages suivantes ont été prises lors d'un atelier de bénédiction en Afrique Centrale.

De nombreux dirigeants de nations à travers l'Afrique ont pris le message de bénédiction à cœur et le transmettent à leurs congrégations.

L'évêque Michael du Kenya dit :

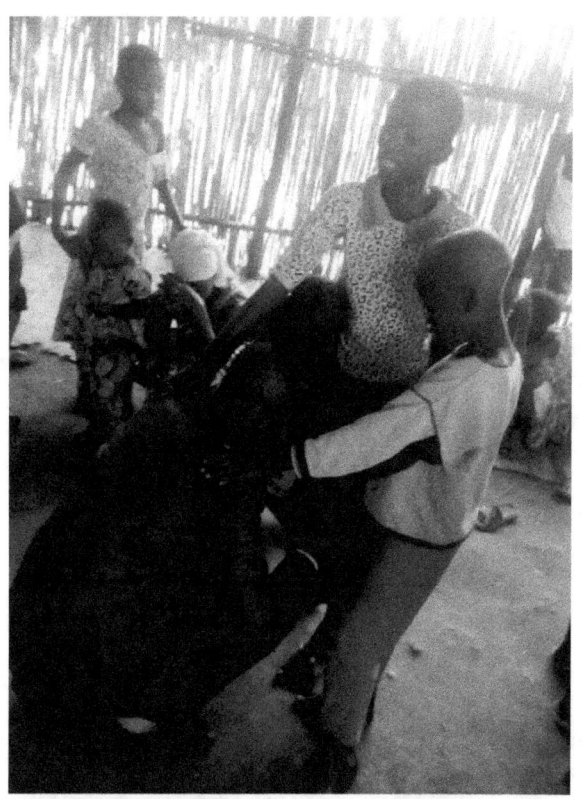

Bénédiction en Afrique Centrale. Des enfants bénissant leurs parents, des parents bénissant leurs enfants, des maris et leurs épouses se bénissant l'un l'autre.

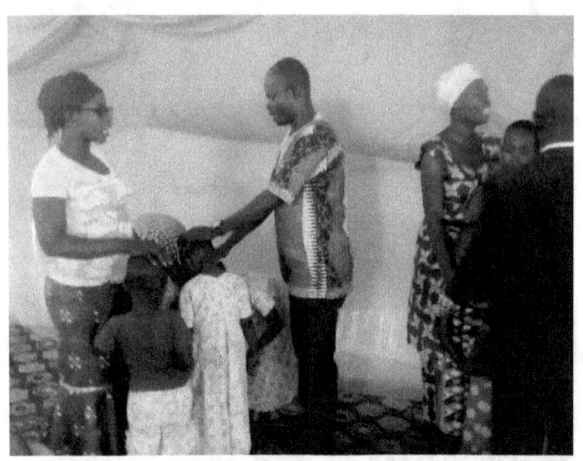

J'ai eu des séminaires et des croisades au Burundi sur La Formidable Puissance de la Bénédiction. Lors d'un séminaire que j'ai tenu à Rumonge, (une province du Burundi), j'ai demandé aux maris, aux femmes et aux familles de se bénir publiquement ; l'église avait été remplie de stupéfaction. Un homme a témoigné de la façon dont sa fille a été guérie d'une migraine après l'avoir bénie. Merci d'être une bénédiction pour l'Afrique.

Ceci a été envoyé au Pasteur Sammy Nyamugusha Nd. ci-haut cité et l'a partagé avec moi :

Je suis si heureux d'avoir été béni par votre visite au Togo. J'en avais besoin. Dieu a béni son peuple avec ce livre de bénédiction. Nous avons eu une femme dont le mariage a été un champ de bataille pendant plus de deux ans et était sur le point de rompre. Quand elle a reçu le livre de bénédiction, elle l'a lu. Son mari remarqua qu'elle y était absorbée que, en son absence, il prit le livre et le lut à son tour. Puis, quand elle est revenue, il lui a demandé si elle pouvait éga-

lement lui procurer un exemplaire du livre. Nous lui avons donné douze autres exemplaires. Dès lors, il y avait la paix et la réconciliation dans le mariage. Elle rend gloire à Dieu.

Le révérend Edward d'Ouganda écrit :

Nous avons organisé un enseignement sur la Bénédiction formidable à Apac dans le nord de l'Ouganda lors duquel des vies ont été bénies suivis de nombreux témoignages étonnants qu'il y eut. L'un concernait une famille et un mariage qui ont été restaurés...

Le pasteur David en Zambie dit :

Dieu fait beaucoup de travail au sein des couples mariés. Lorsque nous libérons la bénédiction sur eux, ils se mettent à pleurer et le Seigneur crée l'unité dans leur vie.

Récemment, lors d'une réunion d'église en Nouvelle-Zélande, j'ai demandé combien parmi les quelques 40 personnes présentes avaient dit « Je t'aime » à leurs conjoints ce jour-là. Il n'y a pas eu de réponse. « Alors la semaine dernière ? » ai-je demandé. Quelques mains se sont levées. Trop souvent, nous négligeons l'aspect verbal de notre amour. Mais le fait est que nous ne devons pas nous le permettre. Nos relations ont besoin de se renforcer fréquemment car nous avons un ennemi dont le but même est de diviser, dévaster et détruire.

Je suggère qu'une bénédiction de votre conjoint devrait inclure :

1. Affirmation (« Je t'aime », « Tu es spécial », etc.)
2. Louange (Appréciez une qualité que vous admirez – soyez précis !)
3. Pardon (Demandez et donnez-le, si nécessaire.)
4. La transmission (Libérez quelque chose du Royaume dont votre conjoint a besoin, comme la paix, la joie, la sagesse…)

DEUXIÈME PARTIE :
Le Puissant Impact de la Bénédiction de Parent

LA BÉNÉDICTION DE PÈRE

Il y a quelques années, je faisais de la lecture sur le sujet de la bénédiction quand je suis tombé sur un excellent petit livre écrit par Frank Hammond intitulé *La Bénédiction de Père*. Je l'ai lu et j'ai décidé d'embrasser le message. Franck dit :

> *Les bienfaits de la Bénédiction de père sont considérables au point qu'ils font facilement une marge de différence entre le succès et l'échec ; victoire et défaite ; le bonheur et la misère dans la vie d'un individu.*

Il va jusqu'à dire :

> *La cause des malédictions dans la vie d'une personne peut être due à l'échec d'un père à s'acquitter de sa responsabilité de bénir son enfant.*

L'Impact de la Bénédiction est surnaturel ; c'est la

présence et la puissance du Saint-Esprit, produisant la joie, la paix, la prospérité, la fécondité. Il assure la santé, le succès et la protection.

Dans mon ministère, je propose d'être un canal alternatif par lequel Dieu le Père peut donner aux gens la bénédiction qu'ils n'ont jamais eue. À ce moment-là, je suis un substitut (une image), ou un père spirituel ; donc je peux les bénir en tant que père. Une conversation typique pourrait ressembler à ceci :

Votre père vous a-t-il déjà imposé les mains et vous a-t-il béni ?

Non.

Dieu a toujours voulu que vous receviez des bénédictions par l'intermédiaire de votre père. Puis-je vous bénir à sa place afin que vous puissiez avoir la bénédiction que vous avez manquée ?

D'accord.

Vous devez savoir que c'est la présence et l'œuvre

du Saint-Esprit. Je vais parler et libérer une bénédiction, mais c'est le Saint-Esprit qui fait l'œuvre de la bénédiction. Vous comprenez ? Je vais donc vous imposer les mains et demander au Saint-Esprit de venir sur vous. Est-ce OK ?

Oui.

J'ai modifié la version de Frank Hammond de la Bénédiction de père – ou plutôt, j'ai beaucoup ajouté. Je parlerais rarement de tout ce qui suit, mais ces mots servent d'exemple de la façon dont je pourrais formuler la bénédiction.

Je demande au Saint-Esprit de venir sur les gens ou sur une personne. S'il s'agit d'une situation en tête-à-tête, après avoir demandé sa permission, j'impose les mains à la personne (c'est-à-dire que je mets mes mains sur ses épaules, ou pose une main sur le haut de son dos pendant que je me tiens sur le côté). Alors je parle :

Je t'aime, mon enfant. Vous êtes spécial. Tu es un cadeau de Dieu pour moi. Je remercie Dieu de m'avoir permis d'être un père pour toi. Je t'aime et je suis fier de toi (ou « Je suis là pour toi, je crois en toi »).

Je te demande de me pardonner pour les choses que j'ai dites et faites qui vous ont blessé ; pour les choses que je n'ai pas faites comme pour les mots que je n'ai jamais dits que vous auriez pourtant voulu entendre.

Je brise et coupe toute malédiction qui t'a suivi à cause de mes péchés, les péchés de ta mère et les péchés de tes ancêtres. Je loue Dieu que Jésus soit devenu une malédiction sur la croix pour que nous soyons libérés de chaque malédiction et entrer dans la bénédiction.

Je te bénis avec la guérison de toutes les blessures du cœur que tu avais subies- en particulier la blessure du rejet. Au nom de Jésus, je prends autorité sur tout esprit de rejet, tout esprit de peur, l'esprit de déception, l'esprit de dévalorisation ; je brise le pouvoir de toute parole cruelle et injuste prononcée contre toi.

Je te bénis d'une paix débordante, la paix que seul le Prince de la Paix peut donner.

Je bénis ta vie de fécondité – de bons fruits, des fruits abondants et des fruits qui demeurent.

Je te bénis avec succès. Je brise toutes tes limitations au nom de Jésus. Tu es la tête et non la queue ; tu es au-dessus et non en dessous.

Je bénis les dons que Dieu t'a donnés. Je fais appel à ton potentiel. Je te bénis avec sagesse pour prendre de bonnes décisions et développer ton plein potentiel en Christ.

Je te bénis d'une prospérité débordante, te permettant d'être une bénédiction pour les autres. Je te bénis d'une influence spirituelle, car tu es la lumière du monde et le sel de la terre.

Je te bénis avec une profonde compréhension spirituelle et une marche étroite avec ton Seigneur. Tu ne trébucheras ni ne faibliras, car la

Parole de Dieu sera une lampe à tes pieds et une lumière sur ton chemin.

Je te bénis de voir les femmes et les hommes comme Jésus l'a faits et le fait toujours.

Je te bénis de voir , d'attirer et de célébrer l'or dans les gens, pas la saleté.

Je te bénis de libérer Dieu sur le lieu de travail – pas seulement pour témoigner ou pour montrer un bon caractère, mais aussi pour glorifier Dieu avec l'excellence et la créativité de ton travail.

Je te bénis avec de bons amis. Tu as la faveur de Dieu et des hommes.

Je te bénis d'un amour abondant et débordant, à partir duquel tu apporteras la grâce réconfortante de Dieu aux autres. Tu es béni, mon enfant ! tu es béni de toutes les bénédictions spirituelles en Jésus-Christ. Amen !

Pendant le processus de bénédiction, restez ouvert

au Saint-Esprit. Par exemple, alors que je déclarais la bénédiction sur une congrégation, j'ai parfois ressenti le besoin de me repentir au nom des hommes qui ont abusé des femmes dans l'audience. Parfois, lorsque je bénis un individu, je dis des choses telles que « Tu es un bon fils », « Tu es une bonne fille », ou je me sens amené à prophétiser sur la vie de l'individu.

La Bénédiction de Père est devenue encore plus importante pour moi maintenant que je comprends mieux les deux derniers versets de l'Ancien Testament :

> *Voici, je vais vous envoyer Elie le prophète avant la venue du grand et terrible jour du Seigneur. Il ramènera le cœur des pères à leurs enfants, et le cœur des enfants à leurs pères (une réconciliation produite par la repentance) afin que je ne vienne pas frapper le pays d'une malédiction (de destruction complète). (Malachie 4:5-6 AMP)*

Ces versets démontrent que, la stratégie de la fin des temps de Dieu est la restauration du verrou fondamental de la construction de la communauté et de la vie – à savoir la famille. Il enverra l'esprit et la puissance d'Elie comme une onction du Saint-Esprit sur les pères, pour tourner leurs cœurs vers les enfants et les cœurs des enfants vers les pères. Dieu va susciter des pères spirituels dans l'église pour encadrer les « sans-pères ». Je crois que ce ministère de la Bénédiction de père est un précurseur de ce qui est à venir.

En plus de recevoir une bénédiction, j'ai découvert qu'en même temps, la « blessure du père » ainsi que d'autres blessures sont souvent guéries. La « blessure du père » est particulièrement importante. À la suite de blessures reçues par l'absence d'un père, d'un manque d'amour manifesté ou de paroles négatives, le rejet entre en nous pour amplifier et nous lier à la douleur. Cela peut devenir une forteresse qui nous désengage de l'amour de Dieu.

Nous avons tendance à voir Dieu par la même lentille à travers laquelle nous voyons nos pères terrestres. Leurs imperfections, en particulier là où ils n'ont pas réussi à nous aimer et à nous protéger comme ils auraient dû le faire, sont transposées sur Dieu le Père.

Nous pouvons voir Dieu comme distant, sévère, dur, absent, n'ayant pas de temps pour nous, alors qu'en fait, le contraire est vrai. Nous pouvons nous sentir indignes et peu aimables, et par conséquent incapables de recevoir l'amour, la bonté et la guérison de Dieu. C'est une tragédie parce que nous sommes conçus pour être ouverts aux bons dons de Dieu.

La partie la plus puissante de la Bénédiction de père est contenue dans les premières lignes, en commençant par « Je t'aime, mon enfant... ». Parfois je me demande si les gens entendent même la suite – ils ressentent juste l'amour.

Dans notre culture néo-zélandaise, et bien d'autres, les hommes ont du mal à dire « Je t'aime ». Si vous avez du mal avec ces mots, je vous mets au défi de prendre juste une respiration et de les prononcer. J'ai eu peur la première fois, mais je peux vous dire que le Saint-Esprit *viendra* et fera ce que vous ne pouvez pas faire. Laissez la puissance et l'esprit d'Élie venir sur vous ; laissez le Saint-Esprit vous oindre et tourner votre cœur vers les enfants – même les enfants adultes et les orphelins.

Souvenez-vous que, même Jésus avait besoin d'entendre l'amour et l'affirmation de son Père lors de son baptême, avant qu'il n'ait fait l'une de ses œuvres puissantes. Puis, lors de la transfiguration, son Père a répété ces paroles pour le fortifier à propos de ce qui l'attendait. Si Jésus avait besoin d'entendre qu'il était aimé, alors nous le faisons sûrement aussi. Soyez le porte-parole pour communiquer cette bénédiction aux gens qui vous entourent.

Témoignages d'adultes recevant la bénédiction d'un père

J'ai prononcé la Bénédiction de père à plusieurs centaines de personnes en tête-à-tête et à plusieurs milliers d'autres dans des rassemblements et des congrégations.

En 2019, j'ai eu l'occasion de présenter le message de la Bénédiction à environ 40 personnes lors d'une retraite. J'ai terminé en disant la Bénédiction de père sur eux tous. J'avais à peine commencé à prononcer les mots qu'une femme s'est mise à sangloter bruyamment. À mon retour à Auckland, j'ai reçu d'elle l'e-mail suivant :

*Le Seigneur a transformé ma vie depuis que j'ai reçu la puissante onction par le ministère de la Bénédiction de père. Un cri si profond dans mon cœur – **délivrée du rejet, de l'abandon**, etc. Ce cri était là depuis de nombreuses années, mais n'était pas compris par moi. C'est parti maintenant... Tout ce rejet a été guéri en un instant, mais l'autre chose merveilleuse est que j'entends la voix du Seigneur plus clairement que pendant toutes les années que j'ai marché avec Lui. Je l'entends pour ma propre vie, mais aussi sur la manière de procéder dans la prière en faveur d'autres personnes – c'est incroyable ! (J'ai 72 ans et cela change puissamment ma vie!). Merci d'être venu partager avec nous ce message avec tant d'amour.*

Lors d'une conférence chrétienne, j'ai entamé une conversation avec la dame assise à côté de moi et j'ai fini par lui donner un exemplaire de *La Formidable Puissance de la Bénédiction*. Elle le feuilleta, puis se tourna vers moi et me demanda de la bénir.

Je lui demandai si son père lui avait jamais imposé les mains et l'avait bénie.

« Non, » répondit-elle.

J'ai alors demandé : « Puis-je faire cela à sa place afin que Dieu puisse vous donner la bénédiction qui devait venir de votre père ? »

Elle a accepté.

J'ai prié pour que le Saint-Esprit vienne sur elle, expliquant qu'il s'agissait de ce que Dieu allait faire. Puis, au moment où j'ai commencé à parler, elle commença à pleurer. Ses pleurs se sont poursuivis jusqu'à la fin de la bénédiction. Environ deux semaines plus tard, j'ai reçu l'e-mail suivant :

> *Souvenez-vous de moi ? Je suis la fille chinoise qui s'est assise à côté de vous lors de la conférence, et vous m'avez béni en tant que père spirituel. Je voudrais profiter de cette occasion pour vous remercier de la bénédiction que vous avez libérée sur moi. Avant la conférence, j'ai prié pour trois choses dont l'une était de laisser mon père me dire [« je suis désolé »] car il m'a fait de très mauvaises choses qu'un père ne devrait faire à sa fille. Et Dieu*

est tellement incroyable qu'Il vous a poussé vous asseoir à côté de moi et me dire [« désolé »] au nom de mon père. C'est pourquoi j'ai tant pleuré parce que je sentais que Dieu est si réel et qu'Il a répondu à mes prières d'une manière si étonnante.

Récemment, j'étais au Brésil, travaillant avec un interprète. J'ai eu l'occasion de bénir un pasteur qui n'avait jamais connu son père. Je n'ai jamais vu autant de larmes d'un homme ; l'étreinte à la fin a duré une éternité.

En Nouvelle-Zélande, j'ai parlé deux fois lors des Conférences pour les hommes de Promise Keepers. A chaque fois je terminai avec la bénédiction de père. Paul Subritzky, ancien directeur de Promise Keepers NZ, a écrit une préface pour *La Formidable Puissance de la Bénédiction*, dans laquelle il a déclaré qu'à ces occasions, « l'Impact était immensément puissant et a changé la vie de beaucoup ».

Je me souviens qu'un homme s'est approché de moi par la suite et m'a dit : « J'ai un problème à régler avec toi » !

« Oh », ai-je dit, interloqué, car c'était un homme assez grand, « et pourquoi serait-ce ? »

« Tu m'as fait pleurer », répondit-il avec un sourire.

Beaucoup d'hommes à l'air dur ont été réduits aux larmes par la bénédiction de père.

Un couple parlait avec moi un matin de quelqu'un que nous connaissions, et la conversation s'est tournée vers l'effet sur une personne d'une « blessure du père ». Je pouvais voir que les larmes commençaient à se former dans les yeux de la femme ; alors je lui ai parlé de la bénédiction de père et lui ai proposé de le faire pour elle. Elle a accepté.

« Et maintenant » ? J'ai demandé.

« Oui », dit-elle.

Nous nous sommes déplacés dans un espace à côté. Elle m'a informé que son père était physiquement violent envers elle et sa sœur. Alors que je la bénissais, elle pleurait et pleurait sans arrêt. Au fur et à mesure qu'elle se calmait, une plus grande partie de l'histoire se révélait. Une personne connue de la famille avait voulu l'abuser sexuellement ainsi que de sa sœur, mais elle avait été trop effrayée pour le dire à son père.

J'ai demandé si je pouvais lui faire un câlin de père – je pense que c'était la première fois qu'elle avait vécu une telle chose. Tout son corps a tremblé alors qu'elle pleurait abondamment, puis les démons sont partis. Elle a fini ce temps de bénédiction en riant, en aimant et en souriant librement comme jamais auparavant.

Durant le temps de son ministère terrestre, Jésus a dit qu'il était venu guérir les cœurs brisés et libérer les captifs. Il est toujours dans la même affaire, sauf que maintenant Il le fait à travers les croyants par la puissance du Saint-Esprit. Nous avons un Sauveur si aimant et si beau qui veut exercer son ministère à travers nous dans un monde en souffrance. Écoutez ses paroles d'intention:

> *L'Esprit de L'ÉTERNEL est sur moi, parce qu'il m'a oint pour prêcher l'évangile aux pauvres ; Il m'a*

> *envoyé pour guérir les cœurs brisés, pour proclamer la liberté aux captifs et le recouvrement de la vue aux aveugles, pour remettre en liberté ceux qui sont opprimés ; proclamer l'année agréable de l'Éternel. (Luc 4:18-19)*

Notez que la guérison du cœur brisé vient avant la guérison physique.

Un homme est venu prier à l'église. Je faisais partie de l'équipe du ministère ; après l'avoir béni et serré dans mes bras, il a dit : « Tout ce que j'ai toujours voulu, c'était un câlin de mon père ! »

Après avoir prié pour une femme âgée atteinte d'un cancer avancé, je l'ai bénie. Elle a dit combien la bénédiction avait signifié pour elle – son père ne lui avait jamais dit qu'il l'aimait. Je ne dis pas qu'il y avait un lien entre le fait d'avoir manqué ces mots de son père et sa maladie, mais je ne peux pas non plus dire qu'il n'y en avait pas.

Voici un autre e-mail que j'ai reçu après avoir pris la parole dans une église :

Une amie avait des problèmes de père profondément enracinés en raison de la façon dont son père l'avait traitée lorsqu'elle était encore enfant, dans la mesure où elle avait complétement peur des hommes et se retirait toujours quand les hommes étaient en sa présence. Surtout s'il y avait des malentendus et des voix élevées, elle cherchait toujours à s'en aller dès qu'il était physiquement possible de le faire. Vous avez prononcé la bénédiction de père à la fin de la réunion puis elle s'est avancée pour la prière. Lorsque vous avez prié individuellement pour elle, Dieu s'est manifesté d'une manière si puissante que toute sa peur a disparu devenant une personne totalement différente. Elle n'a jamais ressenti une telle liberté de sa vie. Son visage a complétement changé et il y a une souplesse dans son apparence qui n'y était pas auparavant.

Ceci est arrivé de Fidji dans ma boîte de réception email :

J'étais en Nouvelle-Zélande l'année dernière pour passer du temps avec mon frère aîné,

> *décédé d'un cancer. J'allais quelques fois avec lui à l'église, qu'un jour vous avez prononcé une bénédiction de père sur moi. J'ai été submergé par le bel amour de guérison de mon Père céleste. Je me souviens si bien d'avoir pleuré en larmes abondantes... Merci beaucoup – c'était vraiment une ouverture. Que Dieu vous bénisse au centuple et vous utilise puissamment pour Son Royaume...*

À une occasion, j'ai parlé dans une grande église de Northland, en Nouvelle-Zélande, et j'ai terminé avec la bénédiction de père. Puis, sur un coup de tête, j'ai dit que j'étais disponible pour des câlins. Un par un, ils sont venus, jusqu'à ce que nous manquions de temps. Au total, environ 20 à 30 personnes sont venues pour un câlin ; peut-être la moitié sanglotait. Je suppose que les deux tiers étaient des femmes. Je me souviens d'une femme disant qu'elle n'avait jamais eu de câlin de la part de son père.

Lorsque j'étais au Pakistan fin 2018, j'ai donné un court message à un groupe de maison d'environ 25 à 30 femmes. Je leur ai dit que leur appel à être une mère au foyer était tout aussi précieux dans le Royaume de Dieu comme l'appel à être pasteur ou sur une liste d'évangélisation. Puis je les ai bénies de la Bénédiction de père. J'étais probablement insensible à la culture, mais j'ai néanmoins proposé de serrer dans mes bras toutes celles qui voulaient un câlin. Une douzaine de femmes se sont manifestées, beaucoup en larmes.

Certaines personnes reçoivent la guérison simplement en lisant à haute voix la bénédiction de père. Voici quatre de ces témoignages :

> Je suis en larmes, ouah, c'est incroyable ! J'ai été si amère avec mon vieil homme [mon père] et quand j'ai lu la bénédiction de père dans votre livre, j'ai senti une forte perforation dans mon corps et mes yeux avaient l'impression d'être en feu, et toute l'amertume m'a quitté. Maintenant, je suis reconnaissant d'avoir un père et qu'il soit vivant.

> J'ai lu la Bénédiction de père. J'avais du mal à prononcer les mots – j'ai juste pleuré et pleuré

et j'ai senti que le Seigneur me guérissait. Mon propre père ne m'avait jamais béni et avait parlé négativement de moi jusqu'au jour de sa mort. Je me sentais en quelque sorte libéré.

Merci beaucoup d'avoir écrit La Formidable Puissance de la Bénédiction. Vous appelez ça un petit livre… c'est en fait beaucoup, beaucoup, beaucoup plus gros à l'intérieur que son apparence physique. La Bénédiction de père m'a fait pleurer dès les premiers mots… merci… J'avais besoin de cette guérison.

On m'a donné votre petit livret. Intéressant que quelque chose d'aussi petit puisse emballer un tel punch. J'ai lu la Bénédiction de père et j'ai abondamment pleuré. Je l'ai pris pour moi comme de la part de Dieu. Mon père est décédé mais, plus tard dans sa vie, il avait dit quelque chose comme cela sur moi, mais certainement pas plus tôt. J'ai partagé la même bénédiction avec ma mère, qui n'aurait pas eu cela non plus. Je te bénis comme tu m'as béni.

D'autres prononçant une bénédiction de père sur leurs enfants ou sur leurs enfants spirituels

Comme nous l'avons vu, nous pouvons prononcer la bénédiction de père au nom d'un autre ; mais rien n'est plus puissant qu'un père prononçant la bénédiction sur son propre enfant comme le montrent les témoignages suivants :

Ma fille et mon gendre ont prononcé la bénédiction d'un père sur leurs enfants l'autre soir et l'un des garçons a sangloté tout au long de la prière ; je pense que la prière sera un tournant dans sa vie.

Notre voisin nous a donné quelques exemplaires de votre livre de bénédictions ; nous l'avons beaucoup apprécié et l'avons partagé avec nos amis et notre famille. Lors d'une récente fête de famille, mon mari a lu la bénédiction pour les enfants, toute la réunion s'est terminée en larmes de joie. Certains de nos enfants ont demandé où ils pouvaient en acheter des copies. Comme l'a dit un fils : « Ouah ! C'est tellement merveilleux ! » Merci pour votre livre et l'inspiration qu'il donne à cette famille comme à tous ceux avec qui nous pouvons le partager.

J'ai parlé avec un homme plus âgé à l'église aujourd'hui à qui j'avais donné une copie du livre. Il m'a dit à quel point cela l'avait époustouflé ; par conséquent, il prononce la bénédiction de père sur chacun de ses enfants adultes, avec des larmes, en utilisant la prière proposée dans le livre.

J'ai partagé et donné le livre de bénédiction à un grand apôtre et évangéliste de Dieu. Après l'avoir lu, il m'a dit qu'il était dans le ministère depuis longtemps mais qu'il n'avait pas vu cette révélation de cette façon. Il était reconnaissant et a continué à le pratiquer sur son fils avec qui il n'avait eu aucun contact depuis tant d'années. Après l'avoir béni, il a tendu la main au garçon, et celui-ci répondu positivement. Réconciliation après tant d'années. Gloire à Dieu.

Axel, un pasteur en Indonésie, a distribué *La Formidable Puissance de la Bénédiction* en langue

Bahasa et a prononcé la bénédiction de père pendant qu'il le faisait. Il écrit :

> *Je n'ai jamais embrassé autant d'hommes de ma vie auparavant – de nombreuses vies ont été restaurées. Merci.*

Un autre pasteur écrit :

> *Mon fils (un préchrétien) vient de sortir de sa chambre avec La Formidable Puissance de la Bénédiction qu'il a lue et me demande si je peux lui faire la Bénédiction de père. Il ferme les yeux et s'imprègne de chaque mot ! Ouah… comme c'est sorti de nulle part ! Les câlins qui ont suivi étaient très spéciaux. Merci Seigneur Jésus.*

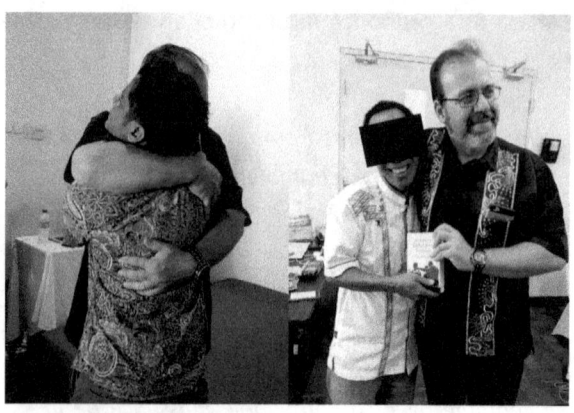

En haut : pasteur Axel en Indonésie
En bas : le pasteur Sammy N. de la RD. Congo

LA BÉNÉDICTION DE LA MÈRE

Comme nous l'avons vu, les versets à la fin de Malachie parlent de tourner le cœur des pères vers les enfants. Et qu'en est-il des mères ? Je crois qu'en général, les cœurs des mères sont déjà tournés vers leurs enfants. Quand tout est comme il se doit, rien sur terre n'est comparable à l'amour qu'une mère porte à son enfant. Néanmoins, les mots d'amour et de bénédiction doivent encore être prononcés, car il y a ceux qui aspirent à entendre ces mots de leurs mères.

Témoignages d'adultes recevant la bénédiction d'une mère

Mon groupe de femmes constitué de douze dames étudiait votre livre de bénédiction. Hier, nous avons atteint la partie sur la Bénédiction de père. Nous avons décidé de lire à haute voix la

Bénédiction de père comme la bénédiction d'une Mère. Ma propre mère était une bonne femme chrétienne mais déterminée à ne pas gâter son enfant unique ! Mes larmes sont venues, abondantes et instantanées. Une charmante sœur (en guise de mère) m'a enveloppé et maintenant je pense que tout ce que j'ai essayé de résoudre avec ma mère a vraiment été guéri. Merci.

Lors d'une réunion d'église il n'y a pas si longtemps, il m'a été demandé de dire la Bénédiction de père sur la congrégation. Après le café, une femme est venue et m'a dit à quel point la bénédiction avait changé sa vie. Au cours d'une conversation, elle a dit que sa mère l'avait rejetée. J'ai rapidement demandé à une femme chrétienne mûre de la bénir en tant que mère. L'effet a été dramatique, et la femme a été délivrée du rejet ainsi que de la colère.

Plus tôt cette année, je prenais le petit déjeuner avec mon pasteur en compagnie de sa femme. Pendant que nous parlions, j'ai mentionné que j'aurais vraiment aimé une bénédiction maternelle. La femme du pasteur a dit qu'elle me bénirait. Quand elle eut fini, j'ai senti que j'avais besoin qu'elle me demande pardon. Dès qu'elle a fait ça, j'ai fondu en larmes et pleuré pendant quelques temps. Je pensais avoir pardonné à ma propre mère depuis longtemps, mais une blessure profonde était restée jusqu'à ce point sans me l'imaginer. Cela m'a rappelé combien nous ignorons souvent les blessures que nous portons et leurs effets sur nous.

Prononcer la bénédiction de mère sur des enfants

Merci pour la Bénédiction de père. Je n'avais aucune idée de combien j'en avais besoin jusqu'à hier soir. Je suis arrivé à la maison en ayant hâte de bénir mes enfants et leur transmettre la Bénédiction de père (je viens de leur donner la Bénédiction de la Mère, croyant qu'elle est tout aussi efficace venant d'une mère célibataire). Merci beaucoup ; je vous bénis du fond de mon cœur.

Votre petit livre m'a fait pleurer – surtout la Bénédiction de père sur ses enfants. J'ai pleuré pour mes deux fils qui n'ont jamais eu cette bénédiction au cours de leur vie. En tant que mère, je les bénis chaque jour alors que l'Esprit me conduit. Cela m'a donné un nouvel espoir et une nouvelle compréhension que nous pouvons tous devenir des vainqueurs.

UNE BÉNÉDICTION AU QUOTIDIEN

Une grande partie de ce qui précède concerne une bénédiction unique utilisant la bénédiction de père ou la bénédiction de la mère comme événement spécial. Mais il est merveilleux d'établir une routine quotidienne ou hebdomadaire de bénir vos enfants. Une telle bénédiction serait plus courte et moins formelle, elle changerait selon les circonstances. Voici les composants importants :

- Amour et affirmation sous une forme ou une autre (dites-le pendant que vous serrez l'enfant dans vos bras).
- Louange pour ce qu'ils sont. (Faites attention ici lorsque vous louez leurs réalisations, par exemple des réalisations académiques ou sportives, de peur qu'ils n'associent votre amour à leur performance. Ils peuvent devenir orientés vers la performance, (c'est-à-dire valoriser la

performance), travaillant pour l'amour au lieu de travailler par amour).
- Demander le pardon.
- Donner quelque chose du Royaume de Dieu (par exemple, grandir en sagesse, en stature et en grâce devant Dieu, de leurs enseignants et des autres enfants).

Les trois histoires de bénédiction suivantes m'ont toutes été envoyées par la même dame. Je les ai incluses parce qu'elles sont d'excellents exemples de mots concrets, simples, pratiques ; et elles ont obtenu des résultats remarquables.

Mon plus jeune fils Jimmy n'a pas commencé l'école primaire dès la première année. Il avait commencé à partir de la deuxième année ; donc son niveau de mathématiques et d'anglais étaient en retard de deux ans.

En 2016, j'ai acheté le livre La Formidable Puissance de la Bénédiction et j'ai commencé à pratiquer la bénédiction lorsque je l'ai conduit à l'école. Je lui ai dit : « Jimmy, je te bénis au nom du Père, du Fils et du Saint-Esprit. Je te bénis de la faveur, de la protection, de la paix, de la santé, de la joie, de la sagesse, de la compréhension, de la connaissance, du discernement et de la perspicacité de Dieu. Que tu trouves grâce auprès de tes professeurs et tes amis. Tu seras toujours la tête et non la queue, tu réussiras dans tout ce que tu feras, et tu marcheras dans la lumière de Jésus. Amen. »

Quelques mois plus tard, il m'a soudain dit, à moi et à mon mari, qu'il voulait être l'un des meilleurs élèves de sa classe et a dit la même chose à son professeur. Il se levait tôt tous les matins et demandait à son père de lui apprendre les mathématiques avant l'école. Il pratiquait les maths deux fois par jour de sa propre initiative. Les choses ont commencé à changer. À la fin de la 8ème année, ses mathématiques étaient parmi les meilleures de sa classe – il a atteint l'excellence et le mérite. Son écriture en anglais est également passée de deux ans en arrière à un an en avance. Par la suite il a suivi un cours d'écriture en anglais de 9ème année. Il a main-

tenant 10 ans et, comme d'habitude, je le bénis avant qu'il ne quitte la maison chaque matin.

Il y a environ six mois, ma belle-fille m'a dit que ses enfants ne voulaient pas manger. Ils étaient tous les deux inférieurs à la normale sur la courbe de croissance des enfants de la Nouvelle-Zélande. Alors j'ai imposé les mains sur le ventre des enfants et je les ai bénis. J'ai dit : « Aaron et Abigail, Nana vous bénit au nom de Jésus. Je vous bénis d'avoir bon appétit ; vous apprécierez tout ce que votre maman cuisine pour vous. Tout ce que vous mangerez deviendra bon pour votre nutrition. Vous serez un prince et une princesse en bonne santé et heureux. »

Je rends souvent visite à la famille de mon fils aîné pour leur préparer le dîner le week-end. Un jour, le Saint-Esprit m'a rappelé que je devais bénir la famille de mon fils avant de repartir. Les chinois n'expriment pas toujours leur amour devant les enfants, c'est donc un peu embarrassant de les bénir face à face. Cependant, j'ai obéi au Saint-Esprit, j'ai commencé à imposer les mains à mon fils et à sa femme et à les bénir.

J'ai béni leur mariage, leur travail, leurs finances, leurs relations et leur santé ; qu'ils auraient la sagesse du Saint-Esprit pour savoir comment élever leurs enfants ; qu'ils seraient serviteurs fidèles à Dieu ainsi de suite. Puis un jour après les avoir bénis, j'ai pensé que je devais leur demander de me bénir à leur tour. Maintenant, c'est devenu une routine, j'apprécie le moment où nous nous bénissons. Nous sommes plus proches qu'avant ; Je sens l'amour entre nous.

TROISIÈME PARTIE :
Le Puissant Impact de la Bénédiction du Corps

GUÉRISON PHYSIQUE

Un cœur joyeux fait du bien, comme la médecine, mais un esprit brisé dessèche les os.

Ainsi dit Proverbes 17 : 22 dans la nouvelle version de la bible en anglais King James, ou comme le dit la traduction biblique de la Passion :

Un cœur joyeux et content apporte la guérison aux deux : corps et âme ; mais celui dont le cœur est rempli des luttes combat contre la maladie et la dépression.

Le « dessèchement des os » parle d'un manque de moelle osseuse saine. La moelle est le tissu spongieux qui remplit l'intérieur des os. Il en existe deux types – rouge et jaune. La moelle rouge aide à produire des cellules sanguines, tandis que la moelle jaune aide à stocker les graisses. En vieillissant, votre moelle rouge est progressivement remplacée par de la moelle jaune.

La moelle osseuse rouge produit :

- Les globules rouges, qui travaillent pour transporter le sang riche en oxygène dans tout le corps.
- Les plaquettes, qui aident le sang à coaguler et prévenir les saignements incontrôlés.
- Les globules blancs, qui travaillent pour aider le corps à combattre les infections.

Nous savons qu'un cœur brisé (le grand chagrin qui découle d'une situation ou d'une relation particulière) affecte notre santé – il permet à la maladie d'entrer dans notre corps. Les blessures émotionnelles et spirituelles affectent la santé de notre corps, et la guérison peut venir par la bénédiction.

Prenez le temps de rendre grâce pour la partie du corps qui a besoin de guérison puis parlez-lui avec amour et gratitude. Oui, *parlez à la partie du corps comme si elle pouvait vous entendre.* Vous voudrez peut-être faire des recherches sur le fonctionnement de cette partie du corps, afin que votre gratitude et votre appréciation soient réelles ; et que votre bénédiction puisse être plus spécifique.

Le corps réagit aux mots prononcés dessus. Si vous vous êtes plaint de votre corps, alors vous devez vous repentir de cela. Peut-être qu'à l'adolescence, vous détestiez votre corps à cause de l'acné, vous pensiez que vous étiez trop mince ou trop gros ; vous pensiez que vous étiez trop pâle ou trop foncé. Demandez pardon à Dieu et, au nom de Jésus, brisez le pouvoir des paroles négatives que vous avez prononcées sur vous-même.

Ensuite bénissez votre corps au nom du Père, du Fils et du Saint-Esprit (ou simplement au nom de Jésus-Christ). Cela libère l'amour et la puissance de Dieu. La guérison peut avoir lieu rapidement ou lentement. Dans certains des témoignages qui suivent, la guérison s'est faite du jour au lendemain, ou a eu lieu en quelques jours, semaines ou mois. N'abandonnez pas.

Je prie régulièrement avec les gens pour la guérison – généralement par l'imposition des mains – en ordonnant à la maladie ou à l'anomalie d'aller au nom de Jésus puis en libérant la guérison. Parfois la guérison est immédiate, parfois elle prend du temps. À une occasion, j'ai prié pour une femme atteinte d'endométriose. Il sembla que rien ne s'était passé, mais deux semaines plus tard, sa mère a déclaré que le médecin ne pouvait plus trouver de preuves de ce trouble.

Il y a des moments où la guérison ne survient pas, ou elle survient mais la maladie réapparaît. Parfois, il y a des raisons à cela, comme le manque de pardon ou les malédictions générationnelles et autres, mais je suis de plus en plus convaincu que les blessures du cœur en sont souvent aussi une cause importante. Par exemple, les démons sont généralement derrière les addictions, mais si la racine est en fait une blessure du cœur qui permet au rejet d'entrer, et que la racine n'est pas traitée, alors les démons peuvent revenir. (Je parlerai plus en détail des blessures du cœur dans la quatrième partie).

Ainsi, lorsque je prie pour les gens, je prononce souvent une bénédiction de père sur eux car cela conduit à la guérison du cœur. Si la personne n'est pas guérie tout de suite je leur dis de continuer à bénir leur corps quotidiennement et de garder un œil sur les changements de guérison. Vous trouverez ci-dessous plusieurs témoignages de guérison physique. Certaines de ces guérisons sont clairement venues comme la conséquence d'une première expérience de guérison du cœur. D'autres venaient simplement de la bénédiction du corps – en particulier la partie particulière du corps qui avait besoin d'être guérie.

Côlon irritable

J'ai eu un voyage long et difficile pour me frayer un chemin à travers la dépression. Guérir mon passé était la clé, le pas en avant le plus important étant de pardonner à mon père – non seulement pour les choses blessantes qu'il m'avait faites, mais plus encore pour les choses qu'il n'avait pas faites. Il ne pouvait pas trouver de mots affectueux, attentionnés et émouvants à dire – malgré une envie dans mon âme de les entendre.

Alors qu'au cours de ce voyage, ma dépression s'est dissipée, j'en avais encore quelques symptômes physiques – le pire étant le syndrome du côlon irritable. Mon médecin m'avait prescrit des médicaments et un régime pour gérer les symptômes, mais ne pouvait pas apporter de remède durable.

Richard m'avait raconté des histoires sur la Bénédiction de père et les réactions des gens. Quelque chose dans mon esprit s'est emparé de l'idée. Alors que j'avais pardonné à mon père le vide qu'il n'avait pas comblé, je n'avais pas réellement comblé ce vide ou satisfait le désir de mon âme.

Cela arriva. Richard s'est mis à la place de mon père en me bénissant comme fils. Le Saint-Esprit est tombé sur moi et resté avec moi la journée entière. Ce fut une belle expérience mettant en paix cette partie de mon âme qui criait.

Un résultat inattendu cependant, était que mes symptômes du syndrome du côlon irritable se sont complétement arrêtés. J'ai jeté mes médicaments et abandonné le régime du médecin. Lorsque mon âme a reçu ce qu'elle désirait, mon corps a également été guéri.

Douleur thoracique

À une occasion, j'ai prononcé une bénédiction de père sur une belle femme de Dieu. Plusieurs personnes essayaient de lui apporter quelque solution – c'était une douleur à la poitrine je pense – mais elles ont manqué de temps et m'ont demandé de prendre la relève. « Votre père vous a-t-il déjà imposé les mains et vous a-t-il bénie ? » demandai-je.

« Je sais qu'il m'aimait, » répondit-elle sur la défensive.

« Mais vous a-t-il bénie ? »

« Non, » répondit-elle.

« Puis-je vous bénir à sa place ? »

« Oui, » dit-elle.

Du moment où j'ai commencé la bénédiction avec les mots «Je t'aime» jusqu'à la fin, les larmes sont venues d'elle comme un flot. Elle a tellement pleuré qu'il y avait une grosse tache humide sur le tapis. Nous avons tous les deux été choqués par sa réaction. La douleur thoracique a disparu, mais elle avait reçu bien plus qu'une guérison physique.

Sourde oreille

J'étais assis dans une réunion lorsque le dirigeant a discerné que je devais prononcer la bénédiction de père sur une femme en particulier. À mi-chemin de la bénédiction, elle s'est soudain exclamée : « Je peux entendre ! Je peux entendre ! » À mon insu, elle était sourde d'une oreille et maintenant elle était guérie.

Crise de panique

> *J'étais dans ma mi- vingtaine d'âge quand j'ai commencé à me réveiller la nuit avec des épisodes horribles de sentir mon cœur battre fortement sans raison, et quelque chose dans ma poitrine tourner comme une balle. Mon visage et mes membres devenaient engourdis et pico-*

taient, puis je commençais à trembler. A chaque fois je pensais que j'étais en train de mourir, ou sur le point de mourir. Les tests à l'hôpital n'ont rien montré. Un an plus tard, un chiropraticien m'a dit qu'il s'agissait probablement de crises d'angoisse. Cela a été une surprise, car je ne pensais pas être une personne anxieuse.

J'étais sceptique lorsque vous (Richard) avez parlé du pouvoir des bénédictions. J'étais bien hors de ma zone de confort lorsque vous nous avez demandé de bénir la personne derrière. Puis, lorsque vous nous avez demandé de lever la main pour recevoir la bénédiction de père, je me suis tortillé, mais je l'ai quand même fait comme tout le monde. J'ai donc levé les bras pour la première fois à l'église.

Je pense que vous étiez à environ une phrase de la bénédiction de père quand j'ai senti que quelque chose commençait à se produire. Tout d'abord, il y a eu une réaction émotionnelle soudaine et mes yeux ont commencé à s'emballer. J'ai essayé d'arrêter de pleurer. Puis une crise d'angoisse est sortie de nulle part, aussi forte que je ne l'avais jamais ressentie d'une certaine manière auparavant. N'en n'ayant jamais vécu, je me suis dit : « Oh non, ce n'est pas bon ! » J'avais peur et j'espérais que vous arrêtiez de parler pour que ça disparaisse'.

Mais juste à ce moment-là, j'ai senti quelque chose de très palpable, de très « vague » me frapper et m'a traversé d'avant en arrière. Cette boule de barattage de ce qu'il y avait en moi s'est dissoute instantanément – disparue sans laisser de trace. En fait, avec le recul, je sens l'anxiété monter presque comme si elle savait ce qui allait se passer et cherchait à résister. Mais celle-ci était quand même détruite, et étonnamment avec une telle facilité par cette force étonnante. Je sais maintenant que c'est l'Esprit de Dieu qui m'a guéri parce que je n'ai eu aucune de ces attaques depuis ce jour. Ils s'arrêtèrent complétement. Il y a des années maintenant.

Alors, je veux juste dire un grand merci. Je suis clairement un croyant dans les bénédictions maintenant. Je me demande souvent pourquoi Dieu m'a guéri ce jour-là, étant donné ma mauvaise attitude. J'étais la personne la moins méritante de toute la congrégation. Mais c'était comme si Dieu avait dit : « Tu ne veux pas ma bénédiction… tant pis… je vais te la donner quand même. C'est ici. » Nous servons un Dieu très grand et merveilleux.

Douleur chronique du dos
L'évêque E d'Apac dans le nord de l'Ouganda écrit :

L'une des femmes que nous avons soignées avait de graves maux de dos et ne pouvait pas marcher. Elle était juste transportée ; les médecins l'avaient soignée mais avaient abandonné. Après le ministère de la Puissance de la Bénédiction, et après avoir lu le livre, elle a pardonné à ceux qui l'avaient offensée, a commencé à les bénir et à bénir son corps aussi. Immédiatement, la douleur est partie voulant même aller à la plage.

Grande masse sur la glande surrénale
Le pasteur Craig écrit :

L'année dernière, j'ai fait une échographie pour une douleur à l'aine (au testicule). Ne trouvant rien, le spécialiste pensa procéder au contrôle de mes reins. Elle a trouvé une grosse masse sur ma glande surrénale. Cela étant, j'ai été envoyé chez un autre spécialiste qui a dit que là était une chance qu'il puisse s'agir d'un cancer (la masse mesurait six centimètres).

Ma femme a dit au spécialiste : « Merci, mais nous n'acceptons pas cela. » J'ai été d'accord avec elle. Je suis un homme dévoué à la prière, un pasteur itinérant et un homme de foi. J'ai eu le privilège de voir des signes et des merveilles incroyables de la puissance du Seigneur. (Mais j'admets que c'est différent quand je suis moi-même le géant personnel auquel la personne fait face).

C'est alors que j'ai lu juste une petite section de La Formidable Puissance de la Bénédiction et ma première pensée a été : « Ça ira. » J'ai commencé à bénir ma glande surrénale et à rechercher sa fonction. J'ai continué à la bénir chaque matin ainsi que les hormones qu'elle libérait.

Mois après mois, tests après tests, le voyage a continué. Croyez-moi quand je dis que j'ai eu des hauts et des bas sur cette route. Finalement, nous avons obtenu un rendez-vous de suivi pour rencontrer à nouveau le spécialiste. Elle a dit : « Eh bien, je n'ai que de bonnes nouvelles pour vous ! Tous les scans et rapports sont revenus bons, ils ne peuvent tout simplement pas trouver la masse ! » Nous avons partagé notre foi avec le médecin et notre croyance en Dieu qui peut faire des miracles comme celui-ci. Louez soit le Seigneur pour tout ce qu'il a fait !

Depuis, nous avons partagé ce témoignage et vu encore plus de miracles ! Rappelons par exemple celui d'une dame dont la cheville ressentait une douleur continue avec très peu de mouvement- en raison d'une tige métallique et de quatre broches- Elle a obtenu un mouvement complet et toute douleur a disparu après quelques prières simples. En conclusion, le pouvoir de bénédiction fonctionne bel et bien !

Trouble endocrinien et blessure à l'ongle du pouce

Ayant été sous soins spécialisés pendant 20 ans, j'ai été vraiment attirée par la partie de votre livre sur la bénédiction de notre corps. Je me suis immédiatement lancé dans la prière de bénédiction et j'ai ressenti une nette amélioration. Mon spécialiste a été étonné de mes progrès. Dans sa carrière d'endocrinologue, il a dit n'avoir vu que deux personnes atteindre mon niveau de guérison.

Je me sentais si bien que j'ai décidé de faire du jardinage. Malheureusement, j'ai accroché mon pouce et j'ai perdu une grande partie de mon ongle. J'ai rapidement nettoyé la zone, mais mon pouce avait gonflé et endolori. J'ai placé mon autre main autour de lui et l'ai remercié d'avoir si bien fonctionné jusqu'à présent. Dieu m'a rappelé ce que cette petite partie modeste de mon corps avait fait : prendre soin des gens, cuisiner pour des œuvres caritatives, planter des arbres, jouer des instruments et faire du sport. Puis, comme une source d'eau jaillissante, j'ai prononcé : « Pouce, puisses-tu être béni dans ta capacité divine de guérir ; que cette douleur et cette infection s'en aillent. Que ma bonne main devienne celle du Christ. » Je sentis alors une chaleur intense de mon autre main inonder l'autre qui était blessée, et même un léger pouls, qui m'effraya d'abord. J'ai rapidement lâché prise puis j'ai senti Dieu dire : « Voudriez-vous simplement me faire confiance ? » Je l'ai fait, alors j'ai prié à nouveau le lendemain. Puis, le troisième jour, j'ai vu que mon pouce était guéri.

Kystes de l'ovaire

Il y a quelques semaines, mon amie a passé un scanner qui a confirmé qu'elle avait des kystes ovariens. Dans une douleur atroce un matin (après avoir souffert de douleur), elle s'est souvenue de ce qu'elle avait lu dans votre livre et a ensuite commencé à bénir ses ovaires. La douleur a disparu. Une analyse subséquente peu de temps après a montré que les kystes avaient disparu. Elle a alors réalisé le pouvoir de la bénédiction et m'a appelé pour témoigner.

Mal de dos

Un ami est venu rendre visite à ma femme et moi un jour. Elle souffrait d'un mal de dos qui l'avait maintenue au lit la semaine précédente. Elle n'était pas chrétienne, mais j'ai demandé si je pouvais prier pour qu'elle soit guérie. Elle a accepté, ayant vu des messages Facebook sur mon ministère. J'ai eu l'impression de lui demander, « Tu n'as jamais connu ton père n'est-ce pas ? »

« Non, » répondit-elle.

J'ai expliqué la Bénédiction de père puis je l'ai commencée. Alors que nous nous embrassions, ma main droite était sur son dos et j'ai libéré la guérison au nom de Jésus. Puis je lui ai demandé : « Voudriez-vous rencontrer le Guérisseur ? »

Elle a dit : « Tu veux dire Jésus, n'est-ce pas ? »

« Oui. Aimeriez-vous rencontrer Jésus ? »

« D'accord ! »

Je l'ai conduite dans une prière pour accepter Jésus. Elle était merveilleusement née de nouveau.

Nodule pulmonaire
Le pasteur John de Tanzanie m'a envoyé ce témoignage d'un de ses séminaires de bénédiction :

> *Un homme d'affaires prospère avait mal à la poitrine et avait des difficultés à respirer. Une radiographie, qui a été faite en Inde, a montré qu'il avait un nodule cancéreux. Avec sa femme, ils ont béni son corps, sa santé et ses poumons. Le docteur avait dit que la guérison était impossible, alors ils l'ont béni aussi. Deux mois plus tard, ils se sont rendus chez un spécialiste du cancer en Inde qui a fait un autre scanner. Aucun signe de cancer ni aucune douleur. Stupéfaction et beaucoup de larmes. Toute la gloire à Jésus-Christ.*

Dépendance à l'alcool
Un pasteur qui a assisté à une conférence au Kenya a entendu le message de bénédiction, puis le prêcha dans son église le dimanche suivant. Il avait ceci à dire :

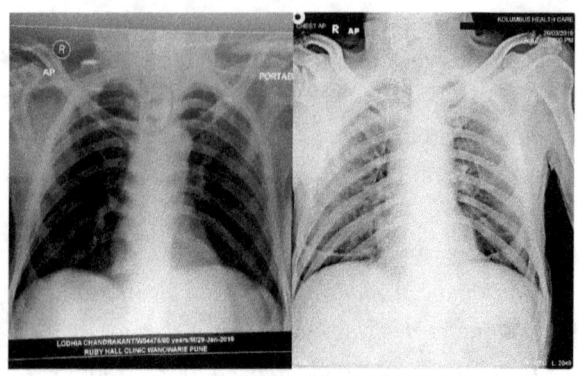

Avant et après la disparition du cancer

De nombreux témoignages arrivent depuis le service du dimanche. Sœur Rose, membre de l'église, était mariée à un mari alcoolique. Nous avons prié pour le mari pendant plus de cinq ans, sans effet car l'habitude de boire s'est aggravée. Mais quand j'ai prêché comment bénir le dimanche, Sœur Rose a béni son mari et il n'a pas bu d'alcool depuis.

Au cours des dernières années, j'ai vu un certain nombre de témoignages sur l'effet puissant d'une épouse bénissant un mari alcoolique. Gloire à Dieu qui brise les chaînes de la dépendance.

Dépendance à la nicotine

Notre fils (un préchrétien) fumait depuis plus de dix ans. C'est un coût énorme pour sa famille et il n'arrêtait pas de dire qu'il voulait arrêter. Après avoir lu votre livre, j'ai commencé à le bénir pour la libération de la dépendance à la nicotine. Il traversait un peu de difficultés financières et il m'a téléphoné pour me dire qu'il voulait vraiment arrêter de fumer, d'autant plus que ses deux enfants le lui demandaient. J'ai prié avec lui au téléphone pour que Dieu lui donne la force et la volonté d'arrêter, puis je l'ai béni avec la libération de la dépendance à la nicotine ! Quoi qu'il en soit, quelques jours plus tard, il a de nouveau téléphoné pour dire qu'il avait arrêté de fumer le soir même et qu'il n'avait plus voulu de cigarette depuis. Amen, merci Seigneur.

Un féticheur converti ; le diabète guéri

Pasteur John de Tanzanie, a rapporté qu'il avait

organisé un séminaire de bénédiction auquel de nombreux dirigeants catholiques et luthériens ont participé. Dans la ville, il y avait un féticheur qui injuriait et envoûtait les gens, y compris les dirigeants chrétiens, en particulier un évêque catholique et sa famille. L'évêque a lu La Formidable Puissance de la bénédiction et a décidé d'en donner une copie au féticheur. Il l'a fait en bénissant l'homme en lui présentant le livre, En bref, ce féticheur est maintenant un chrétien né de nouveau.

Un autre homme qui a assisté au même séminaire, était diabétique sous injection d'insuline tous les jours. Il a décidé de bénir son corps et sa glycémie. En quelques jours, il a subi un test sanguin à l'issu duquel on lui a dit qu'il pouvait arrêter les injections !

Hernie discale

Après avoir lu La Formidable Puissance de la Bénédiction, ma fille et moi sommes passés à l'action. La première guérison à laquelle j'ai participé après avoir lu votre livre, c'était avec une dame qui avait une hernie discale. Vous pourriez réellement sentir la gelée mal alignée dans la colonne vertébrale. Elle était penchée et souffrait beaucoup. J'ai demandé au Saint-Esprit de me guider sur la façon de prier. Il m'a encouragé à prier pour que la colonne vertébrale s'aligne et que chaque tendon de son être, vaisseau sanguin et ligament soit béni au nom du Père, de Jésus-Christ son Fils et du Saint-Esprit. J'ai béni tout le travail de ses mains. J'ai prononcé toutes les autres bénédictions qui me sont venues à l'esprit pendant la prière. Pendant que je priais, j'ai ressenti une très forte chaleur dans ma main droite au-dessus de la colonne vertébrale.

Deux semaines plus tard, la dame m'a dit qu'elle avait été guérie ce dimanche-là et qu'elle n'avait plus pris d'analgésique depuis. Au moment de la prière, elle n'avait ressenti aucune amélioration immédiate ni la chaleur que j'avais ressentie. Cependant, quatre heures après la prière, elle s'est rendu compte qu'elle était complétement guérie et sans douleur.

Maladies des os
Le pasteur John, en Tanzanie, écrit :

> Le week-end dernier, j'ai organisé un séminaire de bénédiction dans une zone musulmane. J'y ai parlé à environ 70 personnes qui avaient été converties au christianisme. J'ai commencé par briser les malédictions, puis leur ai demandé de pardonner et bénir ceux qui les ont blessés ou maudits dans le passé. Ensuite, j'ai demandé aux gens de bénir la santé et le bien-être de quelqu'un d'autre dans le groupe après, recevoir aussi d'eux une telle bénédiction. A la fin j'ai demandé des témoignages. De nombreuses personnes sont passées devant pour témoigner de la guérison – en particulier des os. Je ne les touche pas moi-même ; ils sont aussi qualifiés que moi.

La douleur chronique
Le Bishop Edward Baleke écrit :

> Une dame souffrait continuellement d'une maladie grave. Elle avait prié, « Dieu guéris-

moi et enlève la douleur, » mais cela a persisté. Après avoir lu *La Formidable Puissance de la Bénédiction*, elle a décidé de bénir son corps à la place. Elle a totalement été guérie au point qu'elle se porte maintenant bien.

Ulcère d'estomac et allergie cutanée

C'était en novembre 2019, lorsque j'assistais à la conférence des pasteurs seniors (dite Generals gathering) à Turbo au Kenya, où j'ai rencontré le Révérend Edward Baleke d'Ouganda et le pasteur Sammy Nyamugusha Nd. de la République Démocratique du Congo. Ils parlaient de La Formidable Puissance de la Bénédiction. Je souffrais sérieusement d'un ulcère à l'estomac et d'une allergie cutanée. Après la séance, j'étais retourné à l'hôtel où j'ai béni mon corps. Le lendemain matin, j'ai été miraculeusement guéri. Je suis allé acheter un exemplaire du livre pour moi ; j'avais reçu le dernier disponible. Je l'ai déjà lu deux fois sans parler du sermon que j'ai préparé à prêcher dimanche !

Lésions cutanées

Au cours des quatre dernières années, j'ai eu trois lésions au dos. Elles étaient moches, mais pas cancéreuses, le médecin ne voulait pas les enlever. J'ai béni ma peau pendant plusieurs nuits m'attendant à ce qu'elles disparaissent. Je n'ai pas pu les atteindre pour les gratter, mon mari a refusé de leur faire quoi que ce soit non plus. Elles semblaient grossir et avaient l'air pire. Un jour, ma fille me mettait de la crème solaire sur le dos et m'a dit : « Je sens que je dois gratter ces poussées sur le dos – est-ce que ça vous va ? » Je lui ai dit qu'elle pourrait le faire. Bien qu'elle ait des ongles très courts, la première a juste sauté dans sa main. Elle a poursuivi en enlevant les deux autres. Ce qui est merveilleux pour moi, c'est qu'ils n'ont pas laissé de cicatrices et que je ne pourrai plus les avoir à cet endroit que je ne pouvais pas atteindre !

Un autre témoignage sur la guérison de la peau vient d'un homme nommé David, qui a écrit :

En bénissant ma peau, les bosses précancéreux sur mes bras ont disparu !

Douleurs osseuses et oreille sourde
Témoignage de la Zambie :

Lorsque nous déclarons des bénédictions pour les gens, ils sont libérés des démons, se remettent également de douleurs osseuses et reçoivent le Saint-Esprit. À travers le message de La Formidable Puissance de la Bénédiction, de nombreuses personnes acceptent Jésus-Christ. Deux semaines passées, nous avons prié et béni un jeune garçon sourd, il peut entendre maintenant. Gloire au Seigneur ! Beaucoup de gens acceptent également le baptême d'eau après avoir lu ce livre de La Formidable Puissance de la Bénédiction.

Toux persistante
Pacifique du Burundi témoignage :

Louez le Seigneur Tout-puissant, Jésus. Je ne peux pas rester silencieux parce que votre livre a changé ma vie. J'avais une toux continuelle malgré de nombreux examens passés à l'hôpital en vain. A bout de souffle, j'ai échangé avec le pasteur Sammy qui m'avait que tout ce qui me restait c'était la bénédiction. Assis autour d'une table, il m'a tenu les mains puis a béni mes poumons, mes organes en plus du sang qui irrigue mon corps. Quelle surprise – après cinq jours, la toux avait disparu ! J'ai décidé de mettre en pratique la théorie de la bénédiction de mon corps. De plus, ce jour-là, j'ai décidé non seulement de bénir mes jolies fillettes mais aussi de pardonner et oublier ce qui s'est passé entre ma femme et moi. Vraiment, la pratique de la bénédiction peut changer notre monde.

Hémorroïdes
Pasteur Israël, en République Démocratique du Congo, dit :

Le message de bénédiction a eu un impact sur ma vie spirituelle. Je ne peux pas finir de parler à quelqu'un sans le bénir. J'ai aussi un témoignage sur ma guérison des hémorroïdes après avoir béni ma santé. Auparavant, je ne pouvais pas travailler toute la soirée sans être épuisé et accuser des douleurs atroces ; mais maintenant je le peux car guéri des hémorroïdes. Merci à Dieu Tout-Puissant. Ces jours, j'enseigne le grand et puissant message de bénédiction.

Traumatisme cérébral

La Formidable Puissance de la Bénédiction m'a profondément transformé- elle a changé ce à quoi je pense au réveil, mon attitude envers mon corps et la maladie, il change ma famille et mes amis. Mon amie Mary et moi rompons le pain presque tous les jours ; nous nous bénissons et bénissons tout le monde dans notre sphère, y compris mon cousin dont je prends soin. Il a subi une lésion cérébrale et d'autres blessures au côté gauche après avoir été renversé par une voiture il y a six ans. Il a été très agressif verbalement et physiquement à cause d'un traumatisme, mais maintenant il change tous les jours. Il est moins agressif mais aussi plus sain d'esprit.

Problèmes de poids

Après avoir lu La Formidable Puissance de la Bénédiction, j'ai décidé de le mettre en pratique. J'ai commencé à prononcer la bénédiction sur moi-même. Cela peut sembler étrange, mais j'ai commencé à me bénir pour une perte de poids, à me bénir en tant qu'homme plus mince. Jusqu'à présent, j'ai perdu 37 kilos car, après quelques semaines à me bénir, je savais que ma façon de penser avait changé et sentais que j'étais dans le bon état d'esprit pour m'engager dans un programme. Ce n'est pas encore fini mais je suis déjà presque au poids cible !

Problèmes de vue

Un monsieur n'a plus besoin de porter de lunettes car sa femme a béni ses yeux pour bien voir. Louez le Seigneur.

Coma

On m'a parlé d'un homme qui était dans le coma

depuis deux mois après avoir eu une grave crise de tête due à une blessure lors d'un accident. Sa femme avait assisté à un séminaire de bénédiction qui la fit décider de venir à l'hôpital tous les jours bénir son mari. Après environ douze jours, l'homme a ouvert les yeux et peut maintenant bouger ses mains. Alléluia. Ils sont très excités. De nombreux musulmans qui ont assisté à ce séminaire témoignent également des guérisons. Louez Dieu, qui libère son pouvoir de guérison lorsque nous parlons de bénédiction dans la foi, l'amour et l'action de grâce, au nom puissant de Jésus.

QUATRIÈME PARTIE :

Le Puissant Impact de la Bénédiction d'un Cœur Blessé

LA GUERISON DU CŒUR

Jusqu'à ce que je commence à prononcer la Bénédiction de père sur les gens, je n'avais pas beaucoup pensé aux blessures du cœur.

Tout le monde souffre de ces blessures dans une certaine mesure. Nous vivons dans un monde brisé avec des gens brisés. Quand nous n'avons pas reçu d'amour, nous avons du mal à le transmettre ou à savoir aimer les autres correctement. Nous avons tous, dans une certaine mesure, vécu la douleur qui survient lorsque quelqu'un qui aurait dû nous aimer ne l'a pas fait. Ces blessures affectent nos vies, notre relation avec Dieu et les gens qui nous entourent.

Le Psaume 147:3 nous dit que Dieu guérit les cœurs brisés et panse leurs blessures !

Quand Jésus a commencé son ministère, il a prononcé ces paroles du livre d'Isaïe :

> *L'Esprit de l'Éternel est sur moi,*
> *Parce qu'il m'a oint pour prêcher l'évangile aux pauvres ;*
> ***Il m'a envoyé pour guérir les cœurs brisés,***
> *Pour proclamer la liberté aux captifs*
> *Et aux aveugles le recouvrement de la vue,*
> *Rendre libre les opprimés ;*
> *Pour proclamer une année agréable de l'Éternel.*
> *(Luc 4:18-19 Version NKJ, emphase ajoutée)*

Je crois que la guérison du cœur brisé est une priorité plus élevée que la guérison physique et la délivrance. Comme mentionné dans la troisième partie, dans de nombreux cas, une blessure du cœur, la colère, le ressentiment et la peur qui l'accompagnent souvent – peuvent conduire à la maladie et permettre un point d'entrée pour le royaume des démons.

Dans la deuxième partie, j'ai expliqué comment la Bénédiction du père et celle de la Mère peuvent guérir les blessures du cœur – en particulier une blessure qui survient par les actions (ou l'inaction) et les paroles (ou le silence) de notre père ou de notre mère. Mais nos parents ne sont pas les seuls à pouvoir nous blesser. D'autres peuvent avoir prononcé des paroles cruelles et injustes sur nous qui ont eu un impact durable – surtout si ces mots ont été prononcés quand nous étions tout jeunes.

Je n'ai pas l'intention d'examiner ici en détail les tenants et les aboutissants des blessures du cœur, mais si vous souhaitez approfondir le sujet, je vous recommande le livre *Exposing the Rejection Mindset* de Mark DeJesus.

J'ai personnellement subi beaucoup de rejet dans mon enfance et ma jeunesse, cela venait en grande partie du fait que je ne semblais pas m'intégrer. Ma mère m'a fait porter des chaussures à bout rond et pratiques alors que les autres garçons en avaient des pointues. J'avais les cheveux courts quand la mode était de les avoir longs. De plus, j'étais grand et maigre. Voyez-vous cette image ! Je sais que d'autres ont vécu bien pire, mais ces choses étaient suffisantes pour avoir un impact durable.

Il y a environ trois ans, j'ai développé une routine pour guérir les blessures de mon cœur. J'ai inclus cette méthode de bénédiction ci-dessous, en espérant qu'elle aidera certains de mes lecteurs.

Remarque : Si l'événement de blessure est très traumatisant et que le revoir vous mènerait dans un endroit sombre, alors je vous suggère fortement de consulter un conseiller chrétien, plutôt que d'entreprendre le processus suivant seul.

1. Identifiez l'événement de la blessure – votre souvenir d'avoir été blessé. Si une personne en particulier vous blessait plusieurs fois, j'ai trouvé qu'il était préférable de traiter les événements majeurs séparément plutôt qu'en groupe.

2. Identifiez et nommez la douleur – était-ce le rejet, l'humiliation, l'injustice, la honte, le chagrin ou autre chose ?

3. Exprimez la douleur à Dieu avec une pleine émotion. Le Livre des Psaumes est plein d'émotions brutes, alors n'ayez pas peur d'être émotionnellement honnête avec Dieu.

La Guerison du Cœur | 131

4. Pardonnez à celui qui vous a blessé.

5. Bénissez celui qui vous a blessé.

6. Demandez à Jésus d'enlever la douleur, croyez qu'il a fait cela et remerciez-le pour cela

7. Chassez tout esprit qui a profité de votre douleur, car il n'a plus le droit d'être là.

8. Demandez à Dieu de vous combler de son acceptation aimante. Recevez-le et remerciez-le pour cela.

9. Revisitez l'événement de blessure dans votre imagination.

10. S'il y a encore de la douleur, répétez le processus jusqu'à ce que la plaie soit complétement guérie.

11. Prenez le temps de réfléchir aux conséquences de la blessure dans votre vie. Parfois, nous avons peut-être accepté les blessures et les avons laissées nous définir. Par exemple, parce que

quelqu'un a dit un jour que vous étiez « inutile », vous avez peut-être pris cette idée à cœur et l'avez acceptée. Au fil du temps, cela peut être devenu une partie de votre identité personnelle. Si cela est vrai pour vous, repentez-vous et rompez chaque accord que vous avez conclu avec un mensonge.

12. Dites la vérité sur vous-même : Dieu vous a créé, alors vous êtes donc bien fait ; Il a un destin pour vous et vous n'êtes pas « inutile » à l'accomplir ; et même en dépit de ce que les gens parlent et agissent avec leurs propres cœurs imparfaits, la Parole de Dieu est Vérité.

Un exemple réel de la vie
Voici un exemple de la façon dont j'ai utilisé cette méthode de guérison dans la vie de tous les jours :

Je repense à un événement blessant de l'enfance. J'avais probablement environ dix ou onze ans. Mon père m'a emmené pêcher sur la rivière Mohaka à Hawke's Bay, en Nouvelle-Zélande. Je n'avais pas encore attrapé ma première truite. Papa s'est tenu en retrait et m'a donné le premier coup à chaque nouveau bassin, attendant et regardant pendant que je lance ma ligne. Finalement, vers le début d'après-midi, j'ai réussi ! J'ai fièrement examiné la truite. Enfin, j'étais l'homme ! J'étais passé à l'âge adulte !

La réponse de mon père, cependant, fut : « Dieu merci, c'est fait. Maintenant je peux continuer ma pêche ! ». Puis il est parti (ou, du moins, c'est comme ça que je m'en souviens). Tout d'un coup, je n'étais plus « l'homme » ; je me sentais comme une nuisance. De peu de valeur. Papa n'avait pas de temps pour moi. Je sentais qu'il était dur et un peu effrayant.

Je pardonne à mon père. Alors je le bénis. Je peux voir qu'il avait probablement travaillé dur toute la semaine ; c'était son jour et il m'avait emmené avec lui. Je peux maintenant voir les choses de son point de vue. Je le bénis au nom de Jésus, pour prospérer, connaître Dieu, travailler sans se sentir chargé, pour profiter de ses dernières années.

Je prie : « Jésus, tu es venu pour guérir mes blessures.

Mon esprit, ma joie ont été écrasés ce jour-là. S'il te plaît enlève la douleur, en ton nom Seigneur. Je le reçois maintenant par la foi. Merci Jésus ! »

J'ai chassé de mon être tout esprit de rejet, la peur du rejet, le rejet de soi et l'esprit de dévalorisation, simplement en leur ordonnant de partir au nom de Jésus. Je romps tous les accords que j'ai passés avec les mensonges de Satan, au nom de Jésus.

Quelles ont été les conséquences de la blessure ? Jamais je n'avais vraiment eu une relation étroite avec mon père. Je pense que cela m'a touché en tant qu'adulte et affecta la façon dont je voyais Dieu le Père. J'avais imaginé Dieu sévère, trop occupé pour avoir du temps pour moi. Je n'étais pas assez bon. Mensonges. La vérité est que je suis la « prunelle de l'œil de Dieu ». Il m'aime passionnément. Comme le père dans l'histoire du fils prodigue, il a couru vers moi quand je me suis tourné vers lui quand j'étais sale et désespéré. Il m'a nettoyé, m'a mis une bague au doigt, tué le veau engraissé et a organisé une joyeuse fête !

Je continue : « Remplis-moi, Seigneur, de ton bel Esprit. Merci. Enlevez tous les obstacles à la réception de ton amour. Révèle-moi l'amour du père comme une expérience personnelle. Remplis-moi de son amour. Merci Seigneur. Je le reçois maintenant ! »

Maintenant, je revisite l'événement blessure dans mon imagination. Y a-t-il encore de la douleur là-bas ? Sinon, je suis libre de la blessure qui m'a retenu ! S'il en reste, je répète le processus jusqu'à ce que toute douleur disparaisse. Ça marche et ça change la vie.

DEVENIR DES MACHINES D'AMOUR

Avoir les blessures guéries de notre cœur nous transforme en des personnes plus aimantes – des personnes qui peuvent recevoir de l'amour, le transmettre et être moins susceptibles de blesser les gens qui nous entourent. À bien des égards, c'est le cœur du message de bénédiction. Nous devons devenir des machines à aimer !

Voici une partie de l'une des célèbres prières de St Paul :

> *Et puissiez-vous après avoir été [profondément] enraciné [en toute sécurité] et fondé dans l'amour, être pleinement capable de comprendre avec tous les saints (le peuple de Dieu) la largeur, la longueur, la hauteur et la profondeur de Son amour [vivre pleinement cet amour incroyable et sans fin]. Et [afin que vous parveniez], à*

*connaître [pratiquement, par **l'expérience personnelle**] l'amour du Christ qui surpasse de loin [la simple] **connaissance [sans expérience]**, afin que vous soyez rempli [dans tout votre être] de toute la plénitude de Dieu [afin que vous ayez **l'expérience la plus riche** de la présence de Dieu dans vos vies, complétement remplies et inondées de Dieu Lui-même]. (Éphésiens 3:17b-19 AMP, emphase ajoutée).*

Quand on sait, par expérience personnelle, combien Dieu nous aime, tout change.

CINQUIÈME PARTIE :

Le Langage de la Bénédiction

COMMENT FORMULER UNE BÉNÉDICTION

La capacité de bénir est un don merveilleux qui nous est ouvert à tous en tant qu'enfants de Dieu. Vous commencerez à voir toutes sortes de situations où la bénédiction peut avoir un effet durable et positif. Mais cela demande de la pratique. Au début, beaucoup de gens ont du mal à trouver les bons mots à dire, répètent simplement à la phrase : « Que Dieu vous bénisse ».

Aussi souvent que possible, lorsque je donne le message de bénédiction, j'anime également un atelier pratique de bénédiction par la suite. Ce qui suit est un résumé de mon coaching à partir de ces sessions, qui fournit un guide sur la façon de formuler une bénédiction.

Dans tous les cas, commencez par :

JE VOUS BÉNIS, au nom du Père, et du Fils, et du

Saint-Esprit… (Ou, JE VOUS BÉNIS au nom de Jésus)…

Ensuite, utilisez un ou plusieurs des mots de départ suivants : QUE, DE/POUR, AVEC, JE LIBERE…

Commençons par des exemples d'utilisation du mot « QUE » :

JE VOUS BÉNIS, au nom du Père, du Fils, et du Saint-Esprit…

QUE Dieu vous donne une révélation de combien il vous aime et se réjouisse de vous.

QUE tous les plans et desseins de Dieu pour votre vie se réalisent,

QUE l'amour de Dieu vous entoure et vous comble, que vous sachiez au plus profond de votre être combien Il vous adore et se réjouit. Puissiez-vous devenir pleinement l'homme/

la femme de Dieu, le mari/la femme, le père/la mère que Dieu a toujours prévu que vous soyez.

Utilisons maintenant « DE / POUR » :

JE VOUS BÉNIS, au nom du Père, du Fils, et du Saint-Esprit… D'être fort et courageux.

POUR bien comprendre l'autorité que vous avez en Jésus-Christ pour libérer le Royaume où que vous alliez.

POUR savoir au plus profond de votre être combien Dieu vous aime et veille sur vous.

Maintenant le mot « AVEC » :

JE VOUS BÉNIS, au nom du Père, du Fils, et du Saint-Esprit…

AVEC une paix débordante.

AVEC un amour débordant.

> *AVEC la santé et la force du corps, de l'âme et de l'esprit.*

Et enfin, « JE LIBÈRE » :

> *JE VOUS BÉNIS, au nom du Père, du Fils, et du Saint-Esprit…*
>
> *JE LIBÈRE l'amour et la puissance de Dieu dans toutes les circonstances de votre vie.*
>
> *JE LIBÈRE le pouvoir de guérison de Dieu qu'il circule dans votre corps.*
>
> *JE LIBÈRE des idées du Royaume des Cieux pour améliorer la productivité de votre entreprise.*

Bénédiction d'une situation

Si vous vous adressez à une situation plutôt qu'à une personne individuelle, la formulation devra être différente. Par exemple :

> *Je bénis cette situation de dispute entre (per-*

sonne X) et (personne Y), au nom de Jésus. En faisant cela, Seigneur, je crois que je te permets / te prie de vous placer dans la situation pour la changer du niveau où elle est maintenant au niveau où tu veux qu'elle soit. Je relâche mon propre ordre du jour, Seigneur ; que ta volonté soit faite. QU'IL Y AIT juste un dénouement. QU'IL Y AIT UNE réconciliation. Je remets la situation entre tes mains, Seigneur. Merci. Amen.

Bénir un étranger ou quelqu'un que nous ne connaissons pas bien

Lorsque vous vous occupez de la bénédiction d'un étranger ou de quelqu'un que vous ne connaissez pas bien, assurez-vous d'établir des relations, même brièvement, afin qu'ils ne pensent pas que vous êtes bizarre. Faire la conversation. Soyez toujours sage, respectueux et gentil.

Puis demandez si vous pouvez prononcer une brève bénédiction sur eux. S'ils sont d'accord, dites quelque chose d'inoffensif, mais néanmoins puissant, comme ceci :

Je vous bénis au nom de Jésus. Que tous les plans et desseins de Dieu pour votre vie se réalisent.

Je libère son amour et sa puissance dans toutes les situations de votre vie.

Et puissiez-vous savoir, au plus profond de votre être, combien Il vous aime.

Au nom de Jésus, Amen !

Si la personne est ouverte, attendez-vous à ce que le Saint-Esprit vous en donne plus. Tout cela vient avec la pratique et à mesure que vous mûrissez dans le don. Rappelez-vous, gardez toujours l'amour et les meilleurs intérêts de la personne comme objectif principal. De grandes choses peuvent arriver !

Dernier Mot

UNE BÉNÉDICTION

Je voudrais terminer en vous bénissant, cher frère ou sœur en Christ.

Je vous bénis, au nom de Jésus, d'être toujours conscient du Royaume de Dieu en vous.

Je vous bénis pour parler et libérer la puissance du Royaume où que vous alliez, dans l'autorité que vous avez en Jésus-Christ.

Soyez ému. Le Roi veut exercer son ministère à travers vous. Soyez émus par son amour et sa compassion pour bénir les autres.

Et entrez dans Sa joie en le faisant.

Maintenant, si vous le souhaitez, puis-je suggérer que vous vous leviez et que vous disiez cette même bénédiction sur vous-même.

Puis, comme le dit Jacques 4:8 : « *Approchez-vous de Dieu et il s'approchera de vous !* » En tant qu'action prophétique, je vous suggère de faire un pas physique en avant dans la présence et l'amour de Dieu, les mains tendues, et de simplement recevoir.

Amour et bénédictions.

COMMENT DEVENIR CHRETIEN

Ce petit livre a été écrit pour les chrétiens. Par « chrétiens », je n'entends pas seulement les gens qui vivent bien. Je veux dire des gens qui sont « nés de nouveau » par l'Esprit de Dieu, qui aiment et suivent Jésus-Christ.

Les gens sont faits de trois parties : l'esprit, l'âme et le corps. La partie esprit a été conçue pour connaître et communier avec un Dieu saint, qui est Esprit. Les humains ont été faits pour l'intimité avec Dieu, d'esprit à Esprit. Cependant, le péché de l'homme nous sépare de Dieu, entraînant la mort de notre esprit et la perte de la communion avec Dieu.

Par conséquent, les gens ont tendance à opérer uniquement à partir de leur âme et de leur corps. L'âme comprend l'intellect, la volonté et les émotions. Le résultat de ceci n'est que trop apparent dans le monde : l'égoïsme, l'orgueil, la cupidité, la faim, les conflits, le manque de paix et manque de sens.

Mais Dieu avait un plan pour racheter l'humanité. Dieu le Père a envoyé son Fils Jésus, qui est aussi Dieu, venir sur terre en tant qu'homme pour nous montrer à quoi ressemble Dieu – « *si vous m'avez vu, vous avez vu le Père* » – et pour assumer les conséquences de notre péché. Sa mort horrible sur la croix a été planifiée dès le début, prédite en détail dans l'Ancien Testament. Il a payé le prix du péché de l'humanité. La justice divine était satisfaite.

Mais ensuite, Dieu a ressuscité Jésus d'entre les morts. Jésus promet que ceux qui croient en lui seront également ressuscités des morts pour passer l'éternité avec lui. Il nous donne son Esprit maintenant, comme garantie, afin que nous Le connaissions et marchions avec lui pour le reste de notre vie terrestre.

Ainsi, nous avons là l'essence de l'évangile de Jésus-Christ. Si vous reconnaissez et confessez votre péché, si vous croyez que Jésus a pris votre punition sur la croix et qu'il est ressuscité des morts, alors sa justice vous sera imputée. Dieu enverra Son Saint-Esprit pour régénérer votre esprit humain – c'est ce que signifie naître de nouveau – ainsi vous pourrez commencer à connaître et à communier intimement avec Dieu – c'est pourquoi il vous a créé en premier lieu ! Lorsque votre corps physique mourra, Christ vous ressuscitera et vous en donnera un glorieux et impérissable. Ouah !

Pendant que vous continuez sur cette terre, le Saint-Esprit (qui est aussi Dieu) travaillera en vous (vous rendra nouveau à l'intérieur pour ressembler davantage à Jésus dans le caractère) et à travers vous, pour être une bénédiction pour les autres.

Ceux qui choisissent de ne pas recevoir ce que Jésus a payé iront en jugement avec toutes ses conséquences. Vous ne voulez pas ça.

Voici une prière que vous pouvez prononcer. Si vous le faites sincèrement, vous naîtrez de nouveau.

Cher Dieu au ciel, je viens à toi au nom de Jésus. Je reconnais que je suis pécheur. (Confessez tous vos péchés connus). Je suis vraiment désolé pour mes péchés et la vie que j'ai vécue sans vous, j'ai besoin de votre pardon.

Je crois que votre Fils unique, Jésus-Christ, a versé son précieux sang sur la croix et qu'il est mort pour mes péchés ; je suis maintenant prêt à me détourner de mon péché.

Vous avez dit dans la Bible (Romains 10:9) que si nous déclarons que Jésus est Seigneur et croyons dans nos cœurs que Dieu a ressuscité Jésus d'entre les morts, nous serons sauvés.

En ce moment je confesse Jésus comme le Seigneur de mon âme. Je crois que Dieu l'a ressuscité d'entre les morts. En ce moment même, j'accepte Jésus-Christ comme mon Sauveur personnel et, selon Sa Parole, je suis maintenant sauvé. Merci, Seigneur, de m'avoir tant aimé que tu étais prêt à mourir à ma place. Tu es incroyable, Jésus, je t'aime.

Maintenant, je te demande de m'aider par ton

Esprit à être la personne que tu voulais que je sois avant le début des temps. Conduis-moi vers d'autres croyants et l'église de ton choix afin que je puisse grandir en toi. Au nom de Jésus, Amen.

Merci d'avoir lu ce petit livre.
J'aimerais recevoir des témoignages sur la façon dont la bénédiction a transformé votre vie, ou sur les gens que vous avez bénis.

Prière de me contacter via :
richard.brunton134@gmail.com

Visitez
www.richardbruntonministries.org

Le best-seller *La Formidable Puissance de la Bénédiction* (original en anglais : *The Awesome Power of Blessing*) a été traduit dans plus de 35 langues et plus de quatre millions d'exemplaires ont été imprimés. Dans ce petit livre, vous découvrirez comment fonctionne la bénédiction, vous apprendrez à bénir les gens et les situations qui vous entourent.

La Formidable Puissance de la Bénédiction est utilisé par Dieu pour toucher les cœurs et les vies du monde entier de manière significative. Il crée un tsunami de bénédiction.

Déjà plus de quatre millions d'exemplaires ont été imprimés dans plus de 35 langues. Mais ce n'est que la pointe de l'iceberg.

Il existe une liste d'attente de pays et de langues demandant des exemplaires. Beaucoup de ceux-là sont des pays à ressources limitées.

Si vous souhaitez être parrain de bénédiction, Contactez-moi :

richard.brunton134@gmail.com

 **À propos de l'auteur :** Richard Brunton a cofondé Colmar Brunton en 1981 et en a fait la société d'études de marché la plus connue de Nouvelle-Zélande. Il a pris sa retraite en 2014. Depuis ce temps, il a consacré son temps à l'écriture, à la parole et au ministère, en Nouvelle-Zélande et au-delà. Il est également l'auteur du best-seller *La Formidable Puissance de la Bénédiction*.

www.ingramcontent.com/pod-product-compliance
Lightning Source LLC
Chambersburg PA
CBHW051439290426
44109CB00016B/1615